企业家、职业经理人、创业者不可错过的品牌营销干货！

TEN KEY POINTS OF BRAND MARKETING PLANNING

品牌营销策划十大要点

刘述文★著

透析品牌营销本质　破译创意策略密码

探究品牌成长逻辑　助力打造品牌资产

企业管理出版社
ENTERPRISE MANAGEMENT PUBLISHING HOUSE

图书在版编目（CIP）数据

品牌营销策划十大要点 / 刘述文著 . —北京：企业管理出版社，2021.7
ISBN 978-7-5164-2403-2

Ⅰ . ①品… Ⅱ . ①刘… Ⅲ . ①品牌营销—营销策划 Ⅳ . ① F713.3

中国版本图书馆 CIP 数据核字（2021）第 103290 号

书　　名：品牌营销策划十大要点
作　　者：刘述文
责任编辑：侯春霞
书　　号：ISBN 978-7-5164-2403-2
出版发行：企业管理出版社
地　　址：北京市海淀区紫竹院南路 17 号　　邮编：100048
网　　址：http://www.emph.cn
电　　话：编辑部（010）68420309　　发行部（010）68701816
电子信箱：pingyaohouchunxia@163.com
印　　刷：河北宝昌佳彩印刷有限公司
经　　销：新华书店
规　　格：710 毫米 ×1000 毫米　　16 开本　　11.75 印张　　150 千字
版　　次：2021 年 8 月第 1 版　　2021 年 8 月第 1 次印刷
定　　价：58.00 元

序言

在新经济、新商业时期，移动互联网爆发式发展，企业界、工商管理界对营销的认识发生了微妙的变化，关于营销的新概念也层出不穷，今天私域流量，明天短视频，后天直播带货，不少营销人惊呼“大人，时代变了”，变得扑朔迷离、变得计划赶不上变化。

在这样的情况下，营销管理者与市场人员似乎也越来越累了。一个善于拥抱“变化”的营销人可能会根据市场趋势今天做私域流量池，明天做短视频，后天做直播带货，在忙忙碌碌中惶惶不可终日，害怕自己错过了什么。这正印证了那句俗语——“宁可做错，不可错过”。

这并不是夸张，笔者接触到的很多甲方就是这么想的，也是这么做的，他们常常为市场趋势变化而焦虑，焦虑在这些趋势下自己能做些什么，才能获得一些看得见的营销效果。为了应对变化，实现增长，不少品牌主将首席营销官（CMO）改为首席增长官（CGO）。

不过他们似乎没有或者说没有时间思考这样一个问题：在错综复杂的市场竞争中，哪些东西是一直不变的？一直变化的东西很多时候只是外在概念和表面现象，不变的东西才是本质。整天被动焦虑和跟随变化，而不去思考问题的本质，这是用战术上的勤奋掩盖战略上的懒惰。

其实，错综复杂的市场竞争有三个层级，即产品力竞争、销售力竞争和品牌力竞争，这三个层级的竞争同时存在。

第一层级　产品力竞争

在4Ps营销策略中最具决定性的、最根本的是产品营销策略。在产品力竞争的问题上涉及以下三个命题。第一，规划产品的结构。企业经营有一条很重要的定律，即结构效率大于运营效率。企业经营好不好，首先就看企业的产品结构怎么样。企业应规划好产品结构，确定要做哪些东西。第二，设定拳头产品。在各种产品的排兵布阵中，企业要有重点，要选一个打头阵的，即拳头产品，这个产品的战略角色和战略任务就是扩大市场份额和打响品牌。第三，明确推出产品的战略次序。企业要有序地推出产品，明确先做什么、再做什么，哪些是利润产品、哪些是形象产品。每个企业的产品都是为了解决问题，企业通过产品组合覆盖市场，解决更多的问题，形成强大的产品力竞争，就可成为行业的权威专家。

当前在快消品、餐饮、服装等大众消费行业，市场竞争仍然集中在初级的产品力层面。对于中小创业企业，其自然无法在品牌力层面与领导品牌相抗衡，这就需要回归到产品力竞争层面，发现机会，抓住机会，通过产品创新开辟增量市场，从而为自己赢得一片天地。

如今，中国国潮品牌正在通过产品和技术革新，让整个消费市场重新认识它们。头部的国潮品牌从以前最为传统的酒类、医药类品牌，演变成了快消品类、食品类、美妆类、互联网类等品牌。产品品类的逐渐丰富，也印证了中国国潮品牌正在一步步走向多样和创新。

中国国潮品牌在未来势必会以网络为桥梁，通过更多数字化营销方式吸引新一代多元化的消费者，这些新的消费者在未来也会为中国国潮品牌带来更多的增长空间。未来，品牌力会越来越成为竞争的重心。

第二层级 销售力竞争

笔者认为，销售是产品到货币的转化，销售力则是产品到货币的转化速度和力量。门店、网店、经销商、代理商等渠道，销售员、业务员推销等人海战术，以及促销活动等都是构建销售力需要考虑的方面。

要说对于当前的零售行业，什么最具有销售力，则当属直播带货。直播带货具有即时性强、表现力强、粉丝黏性高等特点，对于某些行业来说可谓打开了新天地。最典型的莫过于农业，直播带货帮助农民解决了信息不对称问题，大大压缩了流通成本，成为各地扶贫助农的重要选择。又如食品、服装、首饰、珠宝、玉石等个性化非标产品，也很适合通过直播来展示。直播带货是一把“双刃剑”，虽然创造了新的销售力，但低价的促销会拉低品牌溢价，同时由于对粉丝经济模式的过度依赖，主播的负面新闻会对品牌产生负面影响。众所周知，直播带货中冲在最前面的就是主播。主播通过种种行为构建起与消费者之间的信任关系，然后把这种信任关系代入销售；消费者冲着主播而去买货，而不单单是看中商品本身。

笔者在此要说的是，对品牌主来说，直播带货虽然能够带来超强的销售力，但并非实现持续销售的灵丹妙药。当然对于部分品牌主而言，直播带货能够起到低价促销、清理库存的作用，可是如果过于依赖直播带货，必定会被主播的流量所绑架，陷于低价竞争的泥潭。

第三层级 品牌力竞争

构建一个良性的商业生态，核心应该是形成一个稳定、持续发展、规模适当的经济体，而不是追逐稍纵即逝的爆款。对于参与商业生态市场竞争的企业而言，只有拥有持续稳定的品牌流量，才能占据品牌制高点，形成强大的品牌力，让品牌基业长青。

毋庸置疑，任何一个企业，无论实际的产品做得多么出色，直播带货做得多么好，如果不能在顾客心智中建立起品牌，那么就很难构筑竞争壁垒。而要在顾客心智中建立品牌，形成品牌力，则要从品牌概念和品牌符号着手。

品牌力塑造的第一个方面是打造品牌概念。在市场营销中，最为重要的是宣传品牌的核心价值，而不是宣传其具体产品，要找到并传播兼容其产品的理念。例如，云南白药不仅药品畅销，而且牙膏也卖得风生水起，因为云南白药的核心价值并不是药的实体属性，而是其止血消炎的功效。

品牌力塑造的第二个方面是打造品牌符号。产品或服务品牌化的过程，本质上是品牌符号化的过程。商标和拟人化的卡通形象都是品牌符号。品牌符号不仅能够降低品牌传播成本，还能成为极为重要的品牌资产。品牌力塑造就是品牌主将代表企业产品或服务的品牌符号装入顾客头脑。

因此，笔者认为，在品牌力塑造中，最重要的是品牌主用最快速、有效的方法，将品牌概念植入顾客心智并取得优势地位，将代表企业产品或服务的品牌符号装入顾客头脑。顾客对品牌概念和品牌符号认知水平的高低，代表品牌力的强弱。此外，还有很多影响品牌力的因素，如品牌势能、品牌资产等。

在激烈竞争的时代，产品力竞争、销售力竞争与品牌力竞争并存。不可否认的事实是，顾客心智是营销的终极战场，若你的产品或品牌没有成功进入顾客心智，以及没有获得足够的市场份额，那就意味着难以获得生存空间。

品牌营销策划有着自身的规律和方法，本书梳理了产品反向创新、价值表达、货架空间思维、包装创意、视觉磁场、品牌声浪、品牌原力创意、品牌势能、体验设计思维、品牌资产等品牌营销策划的十大要点，有助于品牌主找到自身品牌的优势，形成核心竞争力，在竞争中脱颖而出。

笔者从事品牌营销策划 19 年，从咨询公司到广告公司一路摸爬滚打，亲历、实操数百个案例，如今已成为一名资深从业者。笔者这些年在给客户做品牌策划项目的同时，不断总结实战经验，为企业、商会、创业组织等机构授课，在此基础上探索出了品牌营销策划的十大要点。

若本书能够真正帮助到品牌主，引起业界人士的讨论，也算是笔者为行业贡献了一份绵薄之力。

刘述文　写于深圳

2021 年 7 月

目录

要点一 产品反向创新 / 1

要点二 价值表达 / 15

要点四 包装创意 / 46

要点五 视觉磁场 / 70

要点六 品牌声浪 / 88

要点七 品牌原力创意 / 101

要点一　产品反向创新

1.1　产品反向创新的本质：先有市场，后有产品

产品的存在始于解决市场需求，企业正是解决市场需求的组织。德鲁克说，企业是社会的器官。任何企业得以生存，都是因为它满足了社会某一方面的需要，实现了某种特殊的社会目的。每一个社会问题都是一个商业机会。如果要做大生意，就去解决更大的问题，甚至是社会问题。

回归到创业的原点上来看，无论是传统的商业模式、营销模式，还是现代的新零售、新消费的商业模式、品牌模式，做企业的最终目的是交易，企业的产品创新建立在满足客户需求的基础上。

在传统的市场竞争业态下，产品创新的常规逻辑是“先有产品，再有市场”。即企业按照传统的4P营销模式，以产品为核心，研发产品、制造产品，进而考虑如何销售。

“先有产品，再有市场”的中心思想是以产品为中心，优先考虑研发什么产品、生产什么产品，并且觉得这是对消费者有益的产品，然后不断地进行广告推送，让市场接受，让消费者买单。人们对产品创新概念的理解最早主要源于从技术与经济相结合的角度来探寻产品

营销的方法论，支持“先有产品，再有市场”这一创新思想的代表人物是约瑟夫·熊彼特。熊彼特指出企业有五种创新情况，其中第一种就是产品创新，即企业采用一种新的产品，也就是消费者还不熟悉的产品，或者是一种产品的新特性。

例如，民以食为天，谈到吃首先就是主食，主食里有面条、米饭、馒头等，面条里面有保存时间长、不太营养的干面（方便面、干挂面），也有现场做出来的口感好、不易存放的湿面。如果有一种面既能保存时间长，又能确保口感好，就满足了消费者的多样化需求，于是半干面就被开发出来了。

为解决消费者需要面条长期保存的问题，就有了陈克明、裕湘；为解决消费者需要及时吃的问题，就有了兰州拉面；为提供消费者需要的半干面，于是就有了味千拉面、一町拉面。

在新商业竞争时期，市场上的产品类目多、数量多、产品差异小。例如，无论是线下的家乐福、沃尔玛等商场，还是线上的淘宝、拼多多、京东、亚马逊、虾皮等网店，产品多如牛毛，货架上商品琳琅满目，让顾客挑花了眼。

如今，产品创新的方式也发生了变化，笔者建议采用反向思维，思考消费者到底喜欢什么样的产品，他们心目中完美的产品应该是什么样子，然后按照消费者内心向往的产品模样进行设计生产，这样，产品生产出来就会吸引消费者。这就是反向思维带来的创新。

产品反向创新是以品牌打造为中心，先考虑建立品牌，从先研发产品，变为先研究消费者、研究市场、研究竞争，用市场洞察、品牌策划与品牌塑造来指导产品创新。因此，产品反向创新的本质是“先有市场，后有产品”，即先策划好品牌，再进行产品创新。

以市场和品牌为核心的产品创新方法立足于消费者的角度，关注消费者的需求，可以理解为产品反向创新思维法。以品牌打造为中心的产品创新思维基于根据目标细分市场定位的方法论，是站在战略的高度来思考问题。

好的产品应该通过解决消费者的需求去创造商业价值。事实上，我们身边从不缺乏产品，而是缺少那些既能够解决消费者问题，又具有创新性，还能不断优化体验的真正满足消费者内心需要的好产品。

企业开发产品、创新产品，一定要先解决消费者的某种需求，如功能需求或情感需求。实践中，多数产品并没有解决消费者需求，因而从开始生产那一刻，就陷于被动的局面，要么面临难销售的问题，要么直接面临“出师未捷身先死”的命运。

要满足消费者需求，你首先要找到消费者需求。那么，怎样去挖掘并判断真正的消费者需求呢?

笔者建议，要先洞察消费者的痛点，然后在此基础上进行产品创新。

下面以被称为网红拉面的拉面说为例来说明。

消费者痛点——很多朝九晚五的年轻白领下班回到家，没有可口的饭菜，有的人选择点外卖，有的人泡碗没什么营养的方便面应付。对于这些年轻白领而言，吃一顿美味的晚饭是多么奢侈。

创新思路——怎样才能让这些年轻白领在晚上好好地享受一顿美味呢?

拉面说的创始人想到了半干拉面，于是着手打造半干拉面品牌，将品牌定位为“家里的拉面馆”，围绕这个定位来研发产品。要想使“家里的拉面馆”这一品牌定位站得住脚并深入人心，必须将定位落实到产品上，让消费者感受到、体验到、享受到。因此，拉面说的创始人从产品上创新，例如牛肉面，其主料足，用六至七块大块牛肉，配料上葱花、芝麻等十分齐全。当一碗美味的拉面放在消费者面前时，消费者就感觉家里仿佛变成了拉面馆。

另一个成功的例子是滴滴打车。

消费者痛点——出租车数量少，人们出行时不容易打到车。

创新思路——出租车解决不了人们打车难的问题。

现实中，人们要么搭乘朋友的车，要么自己买车。由于现在城市里大量的私家车闲置，因此是否可以利用闲置的私家车为有需要的乘客服务？滴滴如何满足客户需求？靠组建私家车服务公司？显然不是，滴滴想到了成本更低的方式，即运用互联网思维，使私家车主与乘客取得联系并达成在线交易，因而滴滴打车 App 应运而生。

1.2 产品反向创新三步法

产品创新的逻辑是，好的创意带来创新产品。但实践中困扰品牌经理的是，好的创意从何而来？好的创意往往是可遇而不可求的，需要瞬间的灵感爆发，其特征是具有偶然性。在竞争激烈的市场环境中，企业要生存发展，势必迫切需要一套有效的产品创新方法。

综观互联网电商平台上的爆款产品、创业大赛上的优秀项目、各类创意平台及众筹平台上的人气产品，可以发现产品的创新通常有两种：第一，产品概念的创新；第二，产品功能的创新。而打造有商业价值的创意产品通常需要满足以下三个条件。

一是掌握相关行业和自身的各种信息线索，分析真实的行业数据并从中获得启发。

二是掌握市场趋势与动向，有明确的用户画像，对客户群体有深刻的认知，这些认知涉及客户需求以及解决需求的强烈动机。

三是有一套思考模式和方法，用以在掌握的信息线索与客户需求之间迅速建立联系，从而形成能够解决某种社会问题的方案。

这套思考模式采用“反弹琵琶”的思维逻辑，其方法是反向创新三步法。沿着这个轨迹，我们以宠小到大宠物器具品牌为例，深入分析如何通过三步法实现产品的反向创新，在此基础上理解产品创意。

第一步：洞察消费者，挖掘核心要点

■根据消费者洞察，明确产品研发课题

以宠小到大宠物器具品牌为例，笔者通过市场走访，研究了宠物器具市场竞争的现状，得出以下结论。

（1）宠物器具市场中各大品牌竞争激烈，市场上竞品同质化，打动消费者的购买理由不直接。

（2）宠物器具市场中大品牌拥有较高的品牌知名度，小厂家拥有低价优势，宠小到大面临着激烈的竞争。

宠小到大定位于中高端市场，当前在品牌知名度与价格层面并不具有绝对优势。产品的好品质、高质量，必须在消费者使用后才能被感知。如何能够跳出消费者选品牌、选价格的选择逻辑，使消费者直接被打动、直接购买宠小到大的产品呢？我们从消费者洞察开始。

1. 用户画像

根据《2019 中国宠物消费趋势报告》，我们可以得出线上宠物消费主要人群的用户画像。

线上宠物消费人群的特征：年龄偏低，单身为主。

线上宠物消费人群的整体画像：线上宠物消费的主力军是女性、85/90后、未婚人士、大学学历宠主。除水族和异宠用品购买主力年龄相对大一些外，宠物主粮、零食、猫狗用品、玩具、医疗保健等品类的消费者仍主要集中在85/90后。整体上女性偏多、年轻人偏多、未婚为主。

进一步分析：年轻人（主要集中在20~40岁）是线上宠物消费的主力人群，约占75%（见图1–1），他们讲求科学式喂养，把宠物当作“满足陪伴、交流、自我展示需求，以及更高层次的精神需求”的对象，愿意给它们买进口的、更贵的、更好的产品。因此，我们可以得出这样一个结论：宠物消费人群差异性显著，高品质是年轻人最大的追求。

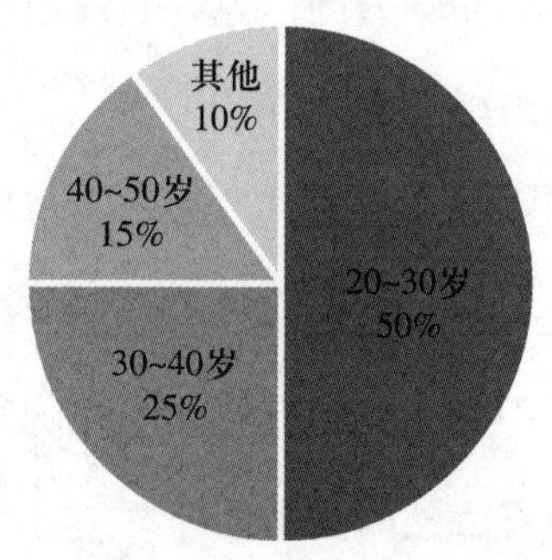

图1–1　线上宠物消费人群年龄分布

下面，我们继续来验证这一结论。

2. 顾客洞察

为了进一步验证结论的真实性与可行性，我们展开了市场调查，走进消费者群体。具体方式如下。

- 面对面访谈58位养宠消费者
- 微信调研350位养宠消费者
- 网络调查：网站、电商竞品调研

我们通过百度知道、360 问答、知乎和天猫四大平台的数据筛选，从众多问答中选取了部分有代表性的问答进行分析，发现以下结论。

- “便捷”是消费者最关心的因素，也是选择的基础条件
- “安全”“易清洗”也是消费者重点关注的因素
- “高品质”是消费者关注的因素

其具体内容如图 1-2 所示。

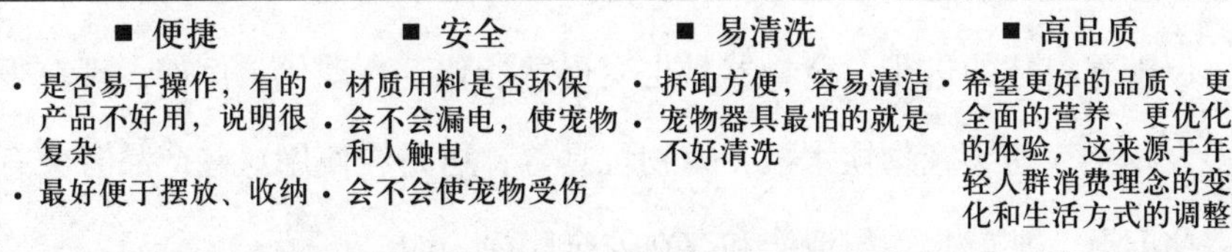

■ 便捷	■ 安全	■ 易清洗	■ 高品质
· 是否易于操作，有的产品不好用，说明很复杂 · 最好便于摆放、收纳	· 材质用料是否环保 · 会不会漏电，使宠物和人触电 · 会不会使宠物受伤	· 拆卸方便，容易清洁 · 宠物器具最怕的就是不好清洗	· 希望更好的品质、更全面的营养、更优化的体验，这来源于年轻人群消费理念的变化和生活方式的调整

图1-2　消费者选择宠物器具的关注点

我们通过消费者洞察，明确了便捷、安全、易清洗、高品质是宠小到大品牌的产品研发课题。

在目前的竞争态势下，宠小到大面临的挑战是：如何后发制人，成为目标人群的首选品牌？

那么，消费者亟须解决什么问题？宠小到大的使命是什么？

现代人工作繁忙，无暇照顾宠物，虽然对高品质的养宠生活愈加追求和向往，但是国内市场上的智能用品无法完美兼顾功能和安全。

因此，宠小到大要解决的消费者问题，以及要明确的企业使命是：为众多养宠族提供智能养宠产品与服务，让宠物、宠主乐享智能高品质生活。

■置入消费场景，挖掘核心要点

业界人士认为，产品的本质是购买理由，产品开发的本质就是创新购买理由。

的确，购买理由是一种心理上的打动机制，是最终让消费者购买产品的原因。如果一个词、一句话直指消费者痛点，使消费者的内心被打动，便是最好的购买理由了。

创新购买理由就是要找到这样一个词、一句话，做产品开发创新也要从这里开始。购买理由在哪里？我们要从哪里找？其实就是在消费者的使用场景中找。

在养宠物的过程中，很多宠物主人经历过下面这样的事情。

随着科技的进步，宠物器具也变得智能化、自动化。例如，现在很多宠物主人购买宠物饮水机、宠物玩具等，可是在使用这些产品时会有一些问题，那就是不好清洁和存在安全隐患。

宠物器具不好清洁不仅浪费宝贵时间，还带给宠物主人很多麻烦。而如果存在安全隐患，更会让宠物主人顾虑重重。因此，从养宠的角度来说，“好清洁、安全”既是痛点，也是给宠物主人的指令。

我们在对消费者进行采访时，就有消费者感叹：“如果能有一种既便于清洁又安全的宠物饮水机就好了。”

我们根据消费者动机（痛点）总结出要点——便捷、易清洗、高品质、安全。

这些痛点也恰恰是宠小到大的产品正在努力满足的用户核心诉求。例如，智能宠物饮水机的产品特点有：无线感应水泵、多重过滤系统、雷达感应、多种工作模式、出水可控、缺水断电、轻松换芯、水位警报、多种出水模式。

毋庸置疑，“易清洗、安全”就是能够突破消费者心理防线的要点，就是我们要找的能够直接打动消费者的购买理由。

第二步：定位品牌，命名直指品牌价值

■品牌定位，赋予品牌价值

定位为竞争立法，无定位则无地位。竞争策略的原点是核心价值定位——竞争的本质是心智资源之争，定位为竞争策略立法，达到“先胜而后战”的功效。通过品牌定位，可以使品牌区别于竞争者，使品牌在客户的心智中占领制高点，从而使品牌成为某种品类的代表品牌。

宠小到大的品牌定位，源自产品的特点（见图 1–3）以及对消费者的洞察。探究消费者心智可以发现，产品的核心利益与功能都能成为该产品的购买理由。正是由于消费者对核心价值的关注与追求，从而产生一个新品种——新“物种”、新“体验”。

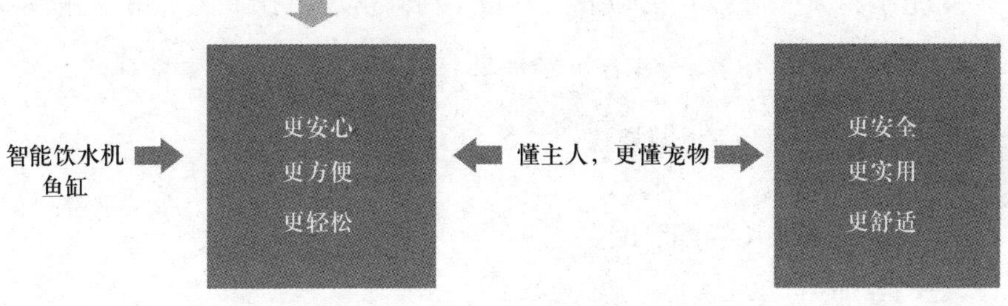

图1–3　宠小到大产品的特点

基于品种价值嫁接“理性动机原力”（注：本书要点七“品牌原力”中有说明）的购买理由，其核心是要塑造品牌的“专业”认知，强调宠小到大品牌智能养宠物的概念——智能养宠智造家。

宠小到大通过产品定位建立首选品牌位势，结合海内外先进养宠理念，创新设计更贴心、更安全的智能产品。

宠小到大的产品开发团队中大多是年轻的 90 后“铲屎官”，所以不管是在产品开发还是生产制造，抑或是销售服务等环节，都特别注重产

品的实用性和安全性。基于此，宠小到大推出了宠物智能喂食器、宠物玩具、宠物主粮等一系列产品，带给宠物和主人更贴心、更安全的服务，让主人更加享受养宠的品质生活和乐趣。

消费者愿意为品牌买单，是因为它能带来价值。基于企业社会价值论，我们以企业社会价值为出发点去制定战略，将企业社会价值分解成以下三个层次。

- 第一层次：拳头产品——代表了企业的先进产品力
- 第二层次：权威专家——企业要成为某一个品类的行业专家
- 第三层次：知识顾问——企业要成为社会某一领域的首席知识官

因此，宠小到大赋予品牌价值的路径是：企业社会价值 = 拳头产品 + 权威专家 + 知识顾问。

宠小到大通过差异化的拳头产品，切开市场，扎下“金角”；依托智能科技（水电分离），选择“智能器具”作为突破口；未来还将丰富智能器具品类的产品，做强这个“金角”。

1. 拳头产品（当前产品）

宠物智能饮水机等宠物器具是宠小到大切入宠物市场的“尖刀”。

价值创造：围绕企业战略，根据养宠族对宠物器具的需求不断优化产品，为养宠族提供“可感知”的“智能养宠产品”核心科技。

2. 权威专家（未来产品线）

除了智能饮水机、智能鱼缸外，未来还会有喂食器、猫屋、猫砂、专属 App、体验店等，打造“智能养宠家族”品类。

价值创造：成为智能养宠领域的权威专家。

宠小到大聚集了宠物喜好研究、智能宠物产品设计等方面的专业人才，致力于成为智能养宠专家。

3. 知识顾问

智能养宠是养宠族在市场大环境下养宠物的新需求，也是迫切的渴望。

作为知识顾问，宠小到大这样进行价值创造：通过“宠小到大智能养宠课堂”来树立“养宠族的智能养宠知识顾问”的形象，具体执行建议是进行线上推广，包括运营公众号或联合打造视频课程、做好H5内容推广等。

在产品开发这条路上，如果能像宠小到大一样突破常规思维的束缚，有意识地运用逆向思维方法，“反弹琵琶”，往往能“曲径通幽”，取得意想不到的效果。

■命名直指品牌价值，产品设计凸显价值

巴甫洛夫的刺激反射原理指出，人类的一切行为都是刺激反射行为。如果你希望顾客有购买这一反射行为，就要先给他一个刺激信号，品牌营销的本质就是找到刺激消费者的那个点。所以，我们也要为宠物智能饮水机设计一个刺激信号，刺激消费者购买该产品，这个刺激信号的第一要素就是产品命名。

命名即召唤，产品反向创新的顺序是先有产品概念，再有名字，最后有产品。实践中，我们通常注重品牌命名，忽视产品命名，殊不知对于零售品牌而言，产品命名是品牌落地的武器，也是极为重要的价值召唤。

产品如何命名？用消费者心智中所有的词语命名。因此，笔者建议用词语来命名，例如，“全新奔驰豪华轿车，贵宾级的享受”和“奔驰贵

宾级豪华车”相比较，后者就要权威得多，价值感强得多，定价空间也更大。

采用同样的方法，我们可以将购买理由“智能”直接嵌入产品名称，创新命名为“宠物智能饮水机”。直接用一个长名字，将品牌、产品类别、购买理由、使用体验全包含在其中，可以降低品牌传播成本。

命名即召唤，召唤出客户的购买理由以后，你还要想办法放大购买理由，全面激发客户的购买欲望。换言之，如果当前的购买理由不足以让客户做出购买决策，你就要想办法吸引客户产生冲动消费行为，让客户一定要立刻买单。因此，这就要利用产品的设计来吸引客户的注意力，继续放大购买理由。

宠小到大的设计师通过巧妙构思，为没有生命的器具注入鲜活的表现力。基于对宠小到大反向创新过程的分析，我们发现优秀产品创意设计的思考角度主要分为两个方面：一方面是理性思考，主要从产品的外观、形态、结构、功能出发，这些因素也可以称为产品的“硬性”设计部分，这一部分是企业研发人员所擅长的；另一方面是感性思考，主要从用户情感体验、商业模式出发，这些因素也可以称为产品的“软性”设计部分，该部分是品牌策划公司可以贡献价值的。

生活中，很多消费者也许无法触摸到产品的“软性”部分，但是如果产品的功能设计得实用、有创意，消费者在使用过程中是可以感受到的。若能将二者相结合，那么产品的设计就会从外观到内部都变得更加丰满。

第三步：技术迭代升级，开发独特产品

产品开发的最后一个环节，就是围绕顾客需求，通过“技术品牌”放大产品本身的优点，让产品符合购买理由。

宠小到大把无线感应水泵的水电分离技术，以及雷达模式、多重循

环过滤系统等应用到智能饮水机和智能鱼缸，为宠物主人提供智能养宠产品与服务，让宠物主人真正做到“乐享智能养宠生活”。

1. 宠物智能饮水机，易清洗，不漏电，更安全

该产品从设计、定版到生产，可谓经历了重重考验。研发团队反复调研，多次更改模具，不断调试改进。最终研发团队决定在底座装置磁感应器，作用是通电后水泵通过磁感应器运转，在水箱内无须用线材连接，从而创造了一种全新的泵水方式。这一技术的升级真正做到了水电分离，而且无漏电风险。底座搭载智能水位感应器，缺水时自动断电保护，防止干烧，彻底消除了安全隐患。

此外，多重循环过滤系统确保时刻供应干净卫生的水。考虑到猫狗饮水差异，技术团队设计出两种不同的出水口，通过旋转可以调节出水量，机体可上下分离，清洁更加便捷。

可以说，这款宠物智能饮水机从水泵的每一圈安全运转，到萌宠喝的每一口纯净水，都蕴含着看不见的大投入（见图 1–4）。

图1–4　宠小到大宠物智能饮水机

2. 生态桌面鱼缸，易清洗，不漏电，更安全，更时尚

这款鱼缸同样历经了反反复复的测试，真正实现了水电分离，无须排线布管，采用即插即用的新技术，杜绝线材牵绊烦恼。该产品采用多重循环过滤系统，可以有效过滤细菌、杂质及废料，轻轻松松优化水质，维持良好的生态环境（见图 1-5）。

图1-5　宠小到大生态桌面鱼缸

相较于传统产品，宠小到大的产品更轻便、更智能、更安全，能够使消费者感受到新技术带来的幸福感。

企业作为解决问题的组织，其产品反向创新始于消费者问题，源于消费者痛点。宠小到大品牌深挖消费者需求，明确品牌定位，开展技术升级，为养宠族提供智能养宠产品与服务，以此实现企业的社会价值。

要点二 价值表达

2.1 为什么要做好价值表达

塑造品牌的目的，是将同样的产品卖出不同的效果，而要把品牌的价值清晰地描述给消费者，要从消费者的认知来考虑。将产品概念转化为让消费者听得懂的传播概念，比品牌本身更为重要。

从品牌表达来说，“差异化定位”比“无差异定位”更重要。当我们确定了品牌内容“说什么”之后，“怎么说”也一样重要，“说什么”和“怎么说”，讲的就是价值表达。

2.1.1 品牌打造需要有高度的价值表达

价值表达在品牌塑造上的应用颇为广泛，最为直观的就是品牌定位和品牌口号。

随着时代的发展，人们对社交品质的要求越来越高。星巴克正是看中这一点，其贩卖的不仅是咖啡，还有与人们生活息息相关的“第三生活空间”（价值表达）。在这里，人们既能品尝到口感醇正的咖啡，又能享受经专业设计师设计的舒适环境，犹如置身自家客厅中。即便是不喜欢喝咖啡的人，也会把这里作为休闲场所，享受宁静自在的氛围。

又如，同样是卖水，农夫山泉品牌就卖出了新高度。“农夫山泉有点甜”的品牌口号（价值表达），让农夫山泉的品牌占据了独特价值的制高点。

中商产业研究院的一份报告显示，在2019年，农夫山泉饮用水品牌的市场份额是34.3%，超出水饮行业市场份额的三分之一，占据榜首的位置。

农夫山泉的成功，离不开它那句家喻户晓的品牌口号——“农夫山泉有点甜”。

试想，当我们走进超市，想喝上一口清甜可口的纯净水时，脑海中往往会不由自主地发出“农夫山泉”的提示。其品牌口号中的“甜”字便是对实质消费诉求最有价值的描述。

再如，汉庭经济型酒店“爱干净，住汉庭”的品牌口号，不仅体现了汉庭价值创新的战略思想，而且已成为汉庭品牌蓝海战略落地的关键支点。

2.1.2 电商销售需要恰当的价值表达

随着电商的迅速发展，电商品牌的价值表达让同样的产品卖出不同的效果。

例如，两个一模一样的陶瓷罐，其中一个卖价29元，另一个卖价258元，都有人买。为什么？因为价值表达不一样。其中一个陶瓷罐的价值表达是这样的：陶瓷茶叶罐，做工精细，釉色发亮，密封性好，防潮湿，定价为29元/个。另外一个陶瓷罐的价值表达为：宠物爱犬猫咪骨灰盒罐，密封防潮，永安我爱，定价为258元/个。

这样描述会形成差异化定位，一个陶瓷罐定位为茶叶罐，另外一个定位为宠物骨灰盒罐。也因价值表达不一样，它们的品牌价值会不一样。

2.1.3 资本市场需要准确的价值表达

同样，价值表达对资本市场也尤为重要。公司产业定位的价值表达，与上市及市值息息相关。

例如，复星集团在寻求上市期间，一直没有找到好的价值表达，因为集团涉及医药健康和房地产等行业，没有核心板块，缺少核心竞争力。此时如果上市，市值将面临被低估，复星集团进退两难。时任瑞银投行中国区主席的蔡洪平，深度挖掘复星集团的价值，了解到复星集团在产业投资与管理上有独特的优势，因此将复星集团的价值重新描述为：擅长产业投资与管理是复星集团的核心竞争力。通过重新表达价值，复星集团成功上市，股票获得高溢价，实现了质的飞跃。

2.1.4 工作项目离不开价值表达

当然，工作中的项目介绍也可以用到价值表达。

1954 年 4 月，周恩来总理率领中国代表团参加日内瓦会议，为向世界介绍中华文化，临行前特意叮嘱工作人员带上刚拍好的彩色越剧片《梁山伯与祝英台》。有人担心外国人看不懂，建议把剧名改为《梁与祝的悲剧》。周总理自信地说，只要在请柬上写“请您欣赏一部彩色歌剧电影——中国的《罗密欧与朱丽叶》”，就一定没问题。中国的《罗密欧与朱丽叶》果然吸引了大批官员和记者，电影放映室全场鸦雀无声，观众们都被影片吸引。影片结束后，全场爆发出雷鸣般的掌声。

外国人难懂的《梁山伯与祝英台》，通过“中国的《罗密欧与朱丽叶》”的描述，一下子就让人有了共鸣，西方人欣然接受了梁祝故事并为之感动。

2.2 B2C品牌如何做价值表达

孙子是我国古代著名的战略家、军事家，在谈到战争的战略时，孙子云："攻心为上，攻城为下。"品牌营销何尝不是品牌主之间无休止的战争，只不过这是没有硝烟的战争。在这场攻心的战争中，价值表达成为战争的关键爆破点，不仅可以击中消费者的痛点，还可以发动消费者采取选购该品牌的行动。

2.2.1 品牌口号：品牌最为核心的价值表达

品牌的价值表达有自身的结构，包括品牌定位、品牌口号、品牌个性和品牌核心买点。

关于品牌定位，艾·里斯和杰克·特劳特出版过《定位》一书，在此不做赘述。

品牌个性旨在塑造品牌的人格化特征，属于品牌调性层面，其具体表现在品牌视觉和行为上。

品牌核心买点说明的是消费者购买产品的核心点，这个点可以是功能的，也可以是情感的。

与品牌定位、品牌个性和品牌核心买点相比，品牌口号（也可以称之为广告口号）是品牌最为核心的价值表达。品牌口号可以传递品牌定位，可以传达品牌个性，也可以说明品牌核心买点。好的品牌口号能够打动消费者，成为消费者的购买理由，塑造品牌形象。烙印在消费者心智中的品牌口号，还会成为品牌的购买指令。

2.2.2 创作品牌口号的三大步骤和十个原则

关于创作品牌口号的创意，很多书籍做了详细讲解，笔者总结了创作品牌口号的三大步骤和十个原则。

第一步：瞄准购买理由，明确“说什么”

你不仅要掌握有关产品的资料、市场状况、消费者的心理和习惯，还要对竞争者及其广告、影响销售的社会和自然因素、销售渠道等开展调查。其目的是瞄准购买理由，明确品牌口号的核心主旨（“说什么”）。

第二步：思考提炼，理顺“怎么说”

为避免主题不明，你的品牌口号最好只讲一个重要信息，最多不超过两个信息点。至于“怎么说”才会准确，这就需要你发挥自己的想象力和概括能力，捕捉引人注目的信息，再将信息进行筛选、整理和开发，提炼出简明扼要、打动人心的品牌口号。

第三步：灵感 + 修正，让言语“顺口、押韵”

当你掌握了一定资料并经过思考提炼后，你想出了品牌口号，但还要进一步修正，使这个口号遵循“顺口、押韵”的原则，让顾客读了朗朗上口、念念不忘。

同时，你要想打造出令人心动的品牌口号，就必须遵循以下十个原则。

（1）让句子简短。

（2）挑简单的词，不用复杂的词。

（3）选熟悉的词。

（4）避免不必要的词。

（5）用动词做谓语。

（6）口语化，形成品牌谚语。

（7）用消费者可以理解的术语。

（8）结合消费者的经验。

（9）充分利用词语的多样性。

（10）以表达品牌为目的，而非以吸引人为目的。

不仅如此，你还需要一颗细腻的心，能充分体察消费者的需求，这样才能创作出直击人心的品牌口号。品牌口号的最终目的是为品牌营销服务。只有牢记这一点，创作出的品牌口号才会让消费者产生购买的冲动。

品牌口号作为行动指令，意在让消费者采取购买行动。因此，你的品牌口号应该给出一个信息刺激，得到消费者的一个行为反应。如果不能够引起他们的情感共鸣与反馈，不能形成最终的行为，那么你的这个品牌口号的刺激就是无效的。好的品牌口号创意可以让消费者采取行动，使产品在广告停播之后仍然保持持久的营销力。

广告大师比尔·伯恩巴克曾言："你可以准确地描述一个产品，但没有人倾听你。你的话必须直击人们的心灵，引起他们的情感共鸣，否则，就起不到任何作用。"

2.2.3 品牌口号的六种类型

好的品牌口号来源于消费者心中。为帮助你打造能说到消费者心坎上的品牌口号，笔者归纳总结出了以下六种品牌口号类型。

第一种是功能型品牌口号——强调解决一个问题，如果你的品牌有很强的功能差异化，功能型品牌口号是首选。

例如，"累了困了喝东鹏特饮""怕上火喝王老吉""经常用脑喝六个核桃"。

东鹏特饮品牌的消费群体以年轻人为主，这类人群包括工作时间长且繁忙的商务人士、需要保持高效学习状态的大学生、都市里的运动爱好者、经常通宵的司机、夜晚社交活动丰富的休闲人士等。因此，东鹏特饮的价值表达非常直观——“累了困了喝东鹏特饮”。

由于人们在疲劳时身体各器官都缺乏能量的支持，因此东鹏特饮主打累了困了时喝它，可以迅速补充能量，提振精神，提高生活品质与工作效率。

又如，“小饿小困喝点香飘飘”（见图 2-1）。

图2-1　香飘飘奶茶

第二种是直接型品牌口号——告诉消费者我是做什么的，能为你做什么，形成指令。

例如，“一起嗨，海底捞”“爱她，就请她吃哈根达斯”“巴黎欧莱雅，你值得拥有”“果冻，我要喜之郎”。

如果要用一句话说动消费者购买，那么这句话不仅要说清楚品牌名字，还要有说服力。作为餐厅品牌，海底捞火锅不仅提供产品，还提供服务，那么什么样的话语能够说动消费者选择海底捞火锅呢？对于绝大部分的消费者而言，吃火锅是一件很嗨的事情，如升职了吃火锅嗨一嗨，恋爱了吃火锅嗨一嗨，发奖金了吃火锅嗨一嗨，凡是遇见开心、值得庆祝的事情都要去嗨一嗨。“一起嗨，海底捞”就是根植于消费者的工作与生活场景，说动消费者来海底捞嗨一嗨。

又如，“云南白药创可贴，有药好得更快些”（见图 2–2）。

图2–2　云南白药创可贴

第三种是细节型品牌口号——向受众陈述产品的卖点，同时这个卖点必须是独特的、能够带来销量的。

细节型品牌口号可以体现产品、服务与生俱来的独一无二的功能与特点，使之落实于品牌营销的战略战术中，化为消费者能够接受、认同的利益和效用，达到产品畅销、塑造品牌的目的。

细节型品牌口号具有以下三个特点。

第一，包含特定的商品效用，即每个广告都要对消费者提出一个说辞，给予消费者一个明确的利益承诺。

第二，是唯一的、独特的，有着其他同类竞争产品不具有或没有宣传过的说辞。

第三，有利于促进销售，即这一说辞一定要强有力，能招来数以百万计的大众。

例如，乐百氏，“27层净化工序”。27层净化，表面说的是一种生产工艺，但无形中抓住了纯净水的本质，给消费者展示了“值得信任”的品牌形象。

数据显示，2016年瓶装水六巨头依次为农夫山泉、华润怡宝、康师傅、百岁山、娃哈哈和冰露。农夫山泉、华润怡宝分别位居第一、第二，两者市场份额之差仅为2个百分点。康师傅、百岁山紧随其后，分别为12.2%、9.2%。乐百氏让人印象最深刻的便是“27层净化工序”广告语。纯净水刚流行之际，都打着纯净水纯净的广告，但是否真的纯净、如何纯净等问题也困扰着消费者。乐百氏根据此诉求，顺势推出了乐百氏纯净水经过27层工序净化而来的卖点。短短几个月的时间，乐百氏纯净水的市场占有率便跃升到了全国同类产品的第二名。

第四种是体验型品牌口号——阐述体验，让描述有画面感，用身临其境的体验来调动消费者的感官。

体验型品牌口号通过看、听、用、参与的手段，充分刺激和调动消费者的感官、情感、思考、行动、联想等感性因素和理性因素。

例如，雀巢、农夫山泉、康师傅、老坛酸菜都通过唤醒消费者的味觉感官，提出品牌口号：“味道好极了”“农夫山泉有点甜”“康师傅，就是这个味儿”“老坛酸菜，这酸爽，简直不敢相信”。宝马凸显体验式的感受，提出了“听风声，感受驾驶的乐趣”这一品牌口号。西贝莜面村创作的品牌口号“闭着眼睛点，道道都好吃”，带给消费者每一道菜都好吃的体验感。

第五种是态度型品牌口号——亮出你的品牌态度，与消费者形成情感共鸣。

事实上，在产品同质化的市场环境下，品牌停留在功能性的价值表达上几乎很难形成差异化，更不要说吸引追求品质的消费者购买了。

例如，耐克的“JUST DO IT”、自然堂的“你本来就很美”等，都是经典的有明确价值主张的品牌口号，可以让消费者产生共鸣。

在产品和服务品牌化的过程中，你要思考你代表什么。例如，耐克代表的是敢拼的精神，福特代表的是前进的精神，真功夫代表的是营养，得到App代表的是知识，因此有了态度型品牌口号：耐克——JUST DO IT，福特——进无止境，真功夫——营养还是蒸的好，得到App——知识就在得到。这些具有态度的品牌口号，在激励消费者积极向上的同时，也说动消费者选择该品牌。

第六种是嫁接型品牌口号——通过将购买理由嫁接到歌曲、诗歌、谚语上，与消费者形成共鸣。

例如，“我爱北京天安门正南50公里”“山高人为峰”“今年过节不收礼，收礼只收脑白金”。

品牌口号要想说动消费者，就要使用消费者听得懂的语言。“听得懂”是第一重要的，其次是“了解”你所说的，最后才是产生购买行为。因此，我们要用通俗易懂的品牌口号准确表达产品或品牌的价值。

2.3 电商品牌如何做价值表达

在电商品牌竞争白热化的时代，要提高电商品牌转化率，引流是重要的一方面，价值表达也是非常重要的一方面。好的价值表达，对电商品牌转化率的提升有着显而易见的作用。电商品牌价值表达遵循的结构化逻辑是：痛点刺激、买点陈述和营造畅销。

2.3.1 痛点刺激

痛点刺激是基于用户痛点及其背后的真实需求，对产品或服务的相关功用予以渲染，以便直击消费者的痛点和软肋，产生“打蛇打七寸”之效。

例如，在网购时，消费者希望商品能快速送达，“快”是用户的痛点，因此，京东的隔天送就抓住了这个痛点；消费者消费价格低，“低价”是用户的痛点，所以，拼多多就抓住了这个痛点。

对于零售电商品牌而言，也可以“打蛇打七寸”，从洞察消费者痛点出发。例如，汉参品牌旗下的有机红参片产品，就进行了“职场压力大，随时补充元气”的痛点刺激。红参是人参的熟制品，偏热性，益气摄血，非常适合易疲劳、身体虚弱的人群，如久坐、长时间对着电脑屏幕、睡眠质量差的职场人士或久病羸弱的群体，因此这个痛点刺激就实现了大量的销售转化。

再举一个例子，万魔旗下的时尚豆耳机，以“小巧迷你”的体积击中消费者想要随时随处放进口袋的痛点——整机尺寸缩小约30%，且更时尚精致。

2.3.2 买点陈述

产品解决的是顾客的“需要”，品牌解决的是顾客的“想要”。对于绝大多数电商品牌而言，顾客选择你的品牌，是因为你的产品满足了某一方面的需要。例如，汉参品牌的“6年有机参”，皂苷量丰富，品质天然。

要让这个买点对消费者产生足够强、足够大的吸引力，就需要在该品类中建立第一或者唯一的联想、第一或者唯一的稀缺性，让消费者非买你的产品不可。例如，汉参品牌的价值表达“不是每一根人参都是6年根有机参”，就比“6年有机参”的买点陈述更为打动消费者。

消费者购物时在心智上缺乏安全感，所以在买点陈述上，你必须提供信任状来让消费者相信这个买点，使消费者获得安全感。因此，当你提出一个买点陈述时，还要找到信任状来支撑整个买点陈述。

信任状是指“公认的事实、可靠的证明”，信任状最重要的一个作用就是转嫁信任，即将我们对信任状（某担保物品）的信任转嫁到品牌或企业上。为什么很多品牌宁愿花高昂的费用请有影响力和口碑的明星来做形象代言人，就是因为消费者会将对明星的信任转嫁到明星所代言的产品上。品牌累积的信任状越多，消费者对品牌的信任度就越高。除了代言人以外，品牌信任状的形式还有很多，如某领域的获奖情况、专业资质认证、其他知名企业或企业家背书、央视等知名媒体的报道、质检报告、专业机构的数据支持、知名企业合作案例等。例如，汉参品牌“6 年有机参”的信任状是“有机产品认证证书”。万魔耳机的信任状是万魔的设计与创新实力——连续 2 年有 6 款产品获得美国 CES 创新设计奖，十多款产品斩获德国 iF 设计奖，由获得 4 次格莱美奖的录音师 Luca Bignardi 定调等。

买点陈述有以下三种方法。

1. 平铺直叙法

平铺直叙法是指用朴实无华的语言向顾客说明产品特别的功能和独特的价值。例如，吉林省集安益盛药业股份有限公司旗下的汉参品牌用“来自北纬 41 度黄金产地的 6 年足龄老参”“传承 120 年的制参工艺，好原料成就好品质”说明该品牌的独特原料和制作工艺。万魔耳机用“IPX5 防水，无惧雨水”“高清蓝牙，无线 HiFi”告知顾客该品牌防水的功能和自由的使用体验（见图 2–3）。

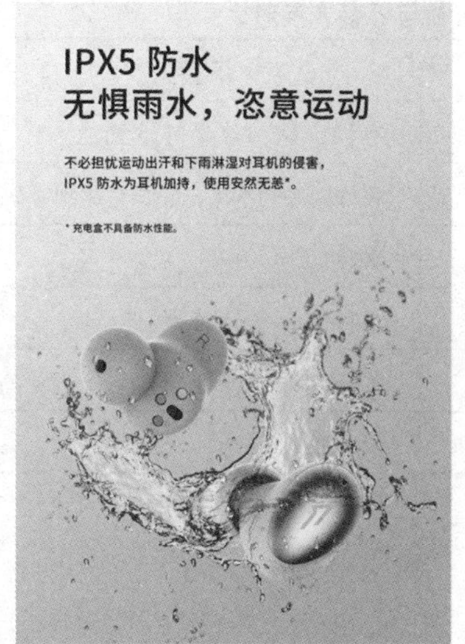

图2-3　万魔耳机

2. 比喻法

有些电商品牌的专业技术表述很难让顾客在短时间里明白，如果用比喻的说明方法加以阐述，则更具体、更形象、更有感触。采用比喻法时只需要创设一个场景，通过巧妙的比喻引起消费者的共鸣。例如，要说耳机重 4.1 克，可以这样比喻：“耳机仅重 4.1 克，它好比一张 A4 纸，让你忘却了佩戴的感觉。”这个比喻是不是更加形象？

3. 对比法

没有对比就看不出差距，而营销买点陈述恰恰就是要找到别的品牌与你的品牌的差距。为了快速找到差距，你可以从品牌的产品构造或使用效果出发，进行详细的对比，帮助顾客做判断，优选出自己的品牌。例如，汉参品牌就对普通人参与汉参人参进行了对比（见表 2-1）。

表 2–1　普通人参与汉参人参对比

普通人参	汉参人参
可能含有农药残留、激素	有机认证，健康可追溯
低龄参（皂苷含量低，滋补功效差）	足龄六年老参（皂苷含量达到峰值）
淡而无味	后味回甘
直径不一，参体干瘪	直径大，年轮清晰
没有参味（掩盖参体直径，用小参充数）	参味浓郁（足龄老参皂苷含量高）
外观色泽暗淡	外观色泽明亮，观感佳

2.3.3　营造畅销

实践中，笔者发现，很多品牌主都存在一个观点，即认为产品好，就应该卖得好。可是消费者的购买逻辑则恰恰相反，他们认为卖得好的产品，才是好产品。搞懂了这个内在关系，电商品牌在进行价值表达的时候，就应该营造出卖得好的态势。例如，自然堂冰肌水“源自喜马拉雅 5128 米，十年畅销逾 6000 万瓶”；良品铺子连续 5 年高端零食全国销量领先（数据来源于中华全国商业信息中心《2020 年零食市场研究报告》，连续 5 年指 2015—2019 年）。

2.4　B2B品牌如何做价值表达

在 B2B 品牌的价值表达中，其价值表达的结构由品牌核心价值、品牌定位、品牌价值主张、品牌个性形象、品牌使命、品牌愿景六个要素构成（见图 2–4）。通过以上要素，客户对企业的了解越深刻，产生的共鸣越多，对企业的认同感越坚定，对品牌的信任也就越大。

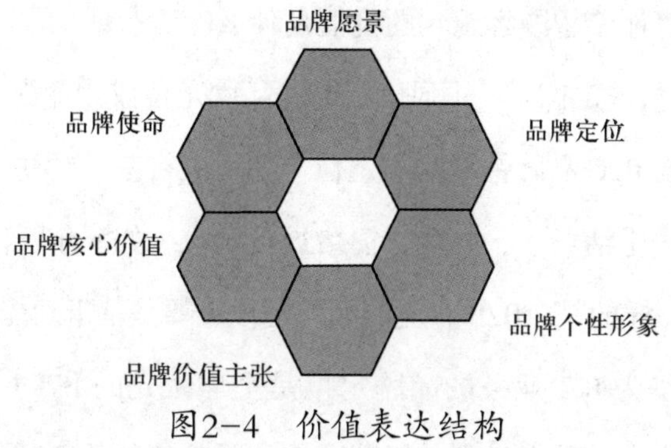

图2-4　价值表达结构

2.4.1　品牌核心价值

品牌核心价值是一个品牌的基础及存在价值，也是品牌传播活动的原点和品牌资产的累积平台。

品牌核心价值是指一个品牌承诺并兑现给消费者的最主要、最具差异性与持续性的理性价值、感性价值或象征性价值，它是一个品牌最中心、最独一无二的要素。

例如，华为主营ICT业务，其品牌核心价值是创新互联科技；迈瑞医疗主营监护仪、超声仪等产品，其品牌核心价值是生命科技。

在此要说明的是，实践中很多管理者常常将品牌核心价值与品牌核心价值观混淆，其实，品牌核心价值不同于品牌核心价值观。品牌核心价值是品牌的核心驱动力，驱动品牌的可持续发展；品牌核心价值观说的是品牌或企业的观点、态度，具体体现在品牌的行为识别之中，主要针对企业文化层面。例如，华为的品牌核心价值观是“成就客户，艰苦奋斗，自我批判，开放进取，至诚守信，团队合作”。

2.4.2　品牌定位

你希望品牌在顾客心中处于什么样的位置？也就是说，当顾客想起你的品牌时，你希望顾客想到的价值是什么？

曾几何时，《定位》一书风靡一时，品牌定位成为业内人士逢品牌必谈的话题。与 B2C 品牌针对品类定位（如王老吉基于预防上火的定位），以及基于用户生活场景、心理、情绪进行定位（如沃尔沃基于汽车安全的定位）不一样的是，B2B 企业的品牌定位主要是基于功能和业务属性。

例如，华为 ICT 业务的品牌定位是全球领先的 ICT（信息与通信）基础设施和智能终端提供商；迈瑞医疗的品牌定位是全球领先的医疗器械与解决方案供应商。

2.4.3 品牌价值主张

品牌价值主张是指企业向消费者传达核心价值的沟通话语。品牌价值主张是一种承诺，表现出品牌的一贯立场，表明品牌极力满足人们的某种需要，让人们看到它存在的价值及其精神内涵。

品牌价值主张（也可以称之为品牌超级话语）是用来传递与品牌相关的描述性、说服性信息的短语内容。品牌价值主张必须是一句非常凝练的短语或短句，这样才能快速被消费者记住。品牌价值主张通常出现在广告中，我们也可以将其理解为品牌的口号（标语），有一些品牌也会将品牌价值主张放在名片或外包装上，以展示品牌价值。

例如，华为 ICT 业务的品牌价值主张是“构建万物互联的智能世界”；迈瑞医疗的品牌价值主张是“生命科技如此亲近”；海能达通信的品牌价值主张是“让世界更安全、更有序”。

2.4.4 品牌个性形象

在产品、企业品牌化的过程之中，最重要的是将品牌当作一个鲜活的生命体来看待。打造品牌个性形象是品牌活化与人格化的一种关键策略。例如将品牌刻画成一个人，那么他应该是一个怎样的人，具有怎样的个性形象？

品牌个性，就是品牌人格。当你有性格、态度时，顾客才愿意亲近你。例如，消费者通常认为华为是真实的、可靠的、富有创造的，迈瑞医疗则是突破常规的、独特的、创新的。另外，尽管有时候品牌个性会有所增加或者改变，但是这几个品牌在相当长的时间里保持各自的个性。

通过为品牌植入活性因子，可以激发品牌活力，令品牌形象更为饱满、生动，从而塑造出个性化、差异化的独特形象。而在塑造品牌的独特形象之前，则需要找到品牌原型。

那么，品牌原型包括哪些呢？美国学者玛格丽特·马克将品牌原型分为12种，包括天真者、探险家、智者、英雄、革命者、魔法师、凡夫俗子、情人、叛逆者、照顾者、创造者、统治者。例如，英特尔的品牌原型是英雄，高通的品牌原型是革命者，等等。当然，这个品牌原型分类发源于美国，在中国本土，我们可以根据本地文化，创作契合企业自身的品牌原型。

品牌个性形象通过对品牌原型进行具象化的生动诠释，将激发目标客户对品牌更为强烈的认同感与亲近感。例如，华为ICT业务的品牌原型是创造者，其品牌个性形象是创造的、创新的和开放的；迈瑞医疗的品牌原型是照顾者，其品牌个性形象是国际化的、创新的、智能化的。

2.4.5 品牌使命

品牌使命为品牌确立一个经营的基本指导思想、原则、方向、经营哲学，即品牌最终为顾客创造什么价值。

使命，即品牌存在的理由，就是品牌最终要实现什么，也是企业理应承担并努力践行的责任。一个企业组织要想存活下来，一定要有自己坚定不移的使命，否则就会让企业员工觉得自己没有奋斗的目标和方向感，似乎永远是在给企业老板打工，而不是围绕大家共同的使命而努力。

例如，华为的品牌使命是把数字世界带给每个人、每个家庭、每个组织，构建万物互联的智能世界；迈瑞医疗的品牌使命是普及高端科技，让更多人分享优质生命关怀。

2.4.6 品牌愿景

品牌愿景是企业的立场和信仰，是企业对未来的设想，是对“我们代表什么”“我们希望成为怎样的企业”的持久性回答和承诺，即企业为人类创造什么价值。

品牌愿景是企业阶段性的远大目标，即 10 年、20 年后企业要成为什么样子。可以说，品牌愿景是企业某个阶段的整体发展方向，回答企业未来某一时期的状态是什么、将成为什么的问题。

通过对品牌愿景的描述，可以让客户清晰地了解企业的发展目标和未来的图景，给对方以信心。同时告诉企业的每个员工，大家应该一起坚定地走向哪里。

例如，华为 ICT 业务的品牌愿景是构建万物互联的智能世界（见图 2–5）；迈瑞医疗的品牌愿景是成为守护人类健康的核心力量。

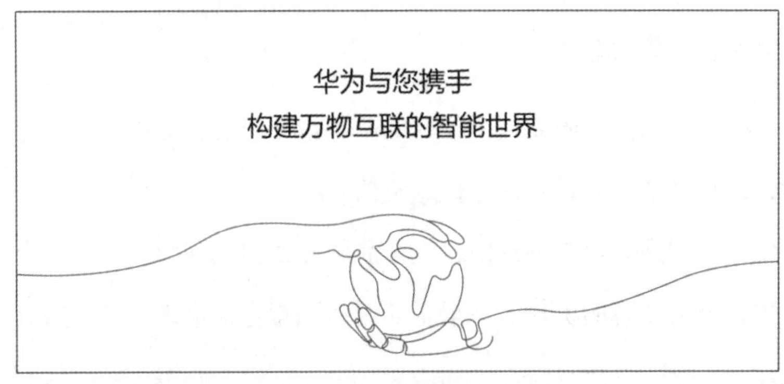

图2–5 华为的品牌愿景

要点三 货架空间思维

3.1 认识货架空间思维

要认识货架空间思维，先来认识货架。按照百度的定义，货架即陈列、存放货物的架子。大多数人对货架的认识是，货架就是商品陈列的地方。在此，笔者的理解为货架不仅是商品陈列的地方，也是品牌塑造的场景，还是消费者购买行为产生的现场。

无论是在以产品为导向的市场竞争时代，还是今天的新零售时代，终端的货架都是影响顾客决策的至关重要的接触点，是终端销售临门一脚的触发点，是品牌方的必争之地。

例如，当你在超市里买食品的时候，你是目的性消费（购买之前心中已经有明确的品牌）还是随机性消费（不知道什么品牌好，先看看再决定）呢？无论是有目的还是漫无目的，首先，你选择的商品要及时被你看见，而且方便拿取；其次，这个商品的造型、色彩、符号化特征形象要引起你的注意。货架空间思维就是要研究商品在货架上的表现状态。因此，货架空间思维是在消费者注意力的争夺战中，对消费者的购买决策思维进行引导。

消费者往往是懒惰的，在购买商品的时候处于放松状态，不愿意思考，这个时候就需要品牌信号来引导。最直观地反映品牌信号的就是货架结构，货架结构也具有媒体的属性——传递品牌信息。为了抢到更容易看到的货架位置，品牌主愿意付出更高的成本。例如，蒙牛、伊利等大品牌总是以超级堆头的形象吸引消费者的眼球。

心理学家研究发现，很多消费者走在街上对于选择某种商品其实是迷茫的，他们常常会选择一些之前没有料到要买的商品。当然，无论你是有目的地选购，还是漫不经心地选购，有一个事实是，你所看重的很大程度上是在货架上吸引你的包装陈列。笔者认为，产品拥有好的包装设计不一定卖得好，可是，卖得好的产品一定都有具有陈列优势的包装设计。

在品牌营销中，有三种货架结构，即空间货架、网页货架、心智货架，这三种货架结构成为品牌必争之地。

3.2 现实中的空间货架

通过货架空间思维我们可以重新认识空间，今天出现在我们视野中的物理终端、通路，也可以理解为空间意义上的货架。下面具体以星巴克、乐凯撒、可口可乐、杜蕾斯为例来介绍空间货架。

3.2.1 星巴克：把整条街道看作货架

星巴克把整条街道看成货架，选择街区的黄金地段，开设临街旺铺。星巴克不用做广告，也能做得很棒，这是因为星巴克抢占了街道的黄金货架位置，星巴克的店面本身就是媒体，无时无刻不在传递星巴克的品牌信息。

星巴克选择人流量多、转角的繁华地段，并关注街道停车位的多少、地铁与公交站的辐射面积、交通的便利性等，自然也就占据了重要的货架位置。

有人群的地方就有流量，人流量大的地方就有街道的黄金货架位置。笔者建议你在选择街道货架时，选择人口较多或者流动性快的地方。例如，商圈、市政大楼、商业写字楼、居民区、网吧等，这些地方人流量相对较大。

3.2.2 乐凯撒：把整个商场看作货架

乐凯撒把整个商场看作货架，开设商场旺铺。榴莲比萨创造者乐凯撒选择商场的临街位置或入口的显眼位置，占据了商场的黄金货架位置，让顾客第一时间看到店铺，并通过店招增加品牌曝光，吸引顾客快速到店消费。

SHOPPING MALL（购物中心）的变革带来了新的赛道，每一个品牌都站在了同一起跑线，等待被顾客挑选。在 SHOPPING MALL 时代，顾客都是随机购买的，而随机购买就凸显了资讯服务的重大价值，这时候商圈导视的重要性就体现出来了。

通过在商圈中选择人流量最大的地方曝光品牌，可以实现商圈全覆盖，对顾客进行有效拦截，实现终端导流。乐凯撒给我们的启示是，品牌开设线下实体店时，如果选择商场，要将整个商场看作货架，同时要选择契合自身品牌的商场。另外，店面要么选择商场临街旺铺，要么选择入口处，这样不仅可以让顾客快速看到，还可以快速提高品牌知名度，塑造品牌力。

3.2.3 可口可乐：把超市陈列看作货架

在快速消费品行业中，可口可乐超市陈列的规模和创新堪称业界典范。可口可乐通过堆头和水平线的陈列，占据了重要的货架位置。

堆头也是陈列货架，是展现品牌形象和提升销量的一种有效陈列方式。堆头和水平线的陈列有一套科学的执行标准。

1. 最抢眼的品牌色彩和视觉符号——让消费者在第一时间发现可口可乐

商场如战场，为了抢夺消费者的注意力，可口可乐在货架陈列上以鲜艳的红色形成品牌红色风暴，以流线型的瓶型和弧线形象的视觉符号，让消费者在第一时间发现可口可乐，选购可口可乐。

2. 根据消费心理制定具体的摆放规则——进一步提醒消费者购买可口可乐

可口可乐货品摆放的层数、货架的长度、堆头的形状、不同类型产品的摆放等都有明确规定，以提升堆头陈列的规范性、生动性，激发消费者的购买欲。

3. 产品放在消费者举手可得的位置——方便消费者购买可口可乐

唯有合理摆放才能吸引顾客购买。可口可乐根据人体工学，将商品放置到方便够到或者是与视线平行的位置，因为陈列位置太高或者太低都会造成购买障碍。

可口可乐给我们的启示是，超市货架是发射品牌信号的媒体，是无声的导购员。我们在为产品设计包装时，不能仅仅从单个包装来考虑，还要根据整个货架来设计，使包装设计形成整体攻势，在超市的整体场景里抢眼夺目，让消费者在 1 米、2 米，甚至 10 米远都可以一眼被包装的色彩和符号击中。

关于如何根据货架空间做包装设计，各位读者可以参考本书要点四“包装创意”，此处不做赘述。

3.2.4 杜蕾斯：把超市收费处看作货架

因产品体积小、具有私密性的特殊性，为了让顾客方便购买，杜蕾斯将超市收费处看作货架，把产品陈列在超市收费处，形成便利优势。

超市收费处是顾客买单的必经之处，在此做货品陈列，可以展示品牌，让品牌获得最大的曝光。未来，一些小商品可以在这个地方抢占陈列位置，获得陈列优势，争取更多的销售机会。

3.3 互联网空间的网页货架

互联网的发展使商品交易、品牌塑造、营销传播等发生了质的变化。毋庸置疑，互联网也是一个空间，而且这个虚拟空间正成为品牌主商品交易、营销传播的核心阵地。

当我们把货架空间思维延伸到互联网空间的网络页面上，就产生了网页货架。虽然互联网空间的网页货架是无形的，但其与实物货架一样，甚至延伸了新零售和新商业发展模式，成为当前商业界热议的话题。

互联网空间的网页货架具体有何表现呢？

当你在电脑端用百度搜索信息时，整个百度搜索页面就是商品货架；当你在淘宝、京东上浏览商品时，淘宝、京东的页面就是商品货架；当你以网站、网店的形式销售商品时，你的网站、网店就是商品货架；当你在朋友圈销售商品时，朋友圈的页面就是商品货架。

笔者梳理和分析了互联网搜索端、网络媒体、网络店铺三类网络空间的网页货架，具体如下。

3.3.1 抢占互联网搜索端的网页货架，让消费者搜得到

如果以百度、360 搜索界面作为货架，那么抢占网页货架的方法就是做广告和进行关键词优化。即在百度、360 搜索的信息浏览中，让消费者看见你的品牌的核心关键词，引导消费者点击，跳转到你的网站、网店。

在互联网时代早期，购买关键词广告和进行关键词优化是很多企业主要的获客方式。如今随着移动互联网的发展，电脑端的搜索在减弱，移动端的搜索在增强。当然对于很多 B2B 企业而言，这种方式仍然是有效的，是抢占网页货架的好方法。

为了抢占互联网搜索端的网页货架，让消费者搜得到，笔者给出的方法是提炼多个品牌关键词，占据搜索引擎的端口，只要消费者去搜，你的品牌信息就能够立马跃入消费者眼帘，而且在第一页、第二页都可以轻易看到。

因此，优化网页货架的品牌核心关键信息，构建多个品牌核心关键词，让用户第一时间找到你的品牌，了解品牌，认识品牌，显得尤为重要。

3.3.2 抢占网络媒体的网页货架，让消费者看得见

在互联网时代，信息呈爆炸式增长。因此，抢占网络媒体的网页货架，让消费者看得见，成为品牌营销的重心。

抢占网络媒体货架的核心是，品牌需要将足够的内容呈现在网络媒体上。因此，足够多的优质内容成为抢占网络媒体货架的撒手锏。优质内容让读者看了能够产生心理共鸣，使读者通过内容认知品牌，感知到品牌的个性、特点，在心智中烙下印记，最终引发消费者行动。除了优质内容以外，通过多媒体渠道让消费者看得见也很重要，因为消费者只有看见了，才能去阅读，才能读懂字里行间的品牌表达，从而对内容点赞、评论、收藏、转发分享。这样通过消费者的裂变式转发，可以更快速有效地抢占网络媒体货架，更高效地在消费者心智中塑造品牌。

为了抢占网络媒体的网页货架，让消费者看得见，笔者给提出的方法是多输出品牌内容，同时在多个网络媒体上发布，增加曝光。例如，生活中，我们常常在很多网络媒体上看到华为品牌，就是因为华为在网络媒体上输出的内容多。

对于品牌传播而言，在网络媒体空间里，你的品牌内容输出多，所占据的网络媒体多，则占据的网络空间多，相应地，竞争品牌所占据的就少。

3.3.3 抢占网络店铺的网页货架，让消费者买得到

网络店铺的网页货架不仅可以作为终端展示货架，而且是商品的销售渠道。从某种程度上来说，只有抢占网络店铺的网页货架，获得曝光优势，才能让消费者买得到。通常抢占网络店铺的网页货架有两种方式：一种是品牌主自建独立网站；另一种是品牌主在京东、天猫等平台开网店。

实践中，这两种方式可以结合起来使用。自建的独立网站可以用来展示品牌形象、塑造品牌价值，当消费者浏览到你的网站页面时，就是消费者了解你的品牌的极为重要的机会。在京东、天猫等平台的网店可

以直接形成销售转化，另外根据前三页理论，占据前三页的位置才能吸引消费者的注意。

为了抢占网络店铺的网页货架，让消费者买得到，笔者给出的方法是品牌主将自建网站和开网店结合起来，对于网店而言，最简单的是通过买站内、站外的流量来占据网上商城的货架。业内人士都深知买流量是昂贵的，其实除了买流量外，多注册几个品牌，以多店铺数量来覆盖，也可以抢占到有利的网页货架。

3.4 占据消费者的心智货架

笔者在为企业做品牌营销培训时，经常以可口可乐和百事可乐为例，问大家："当两个品牌的可乐都摆在市场的货架上时，它们分别代表了什么？"但是通常很少有人能够回答上来。

其实，可口可乐与百事可乐的品牌差异化表现为其占据了消费者心智货架的不同位置：可口可乐代表的是正宗、经典的可乐，而百事可乐代表的是新一代的可乐。

那么，怎么做品牌？做品牌就是使品牌在消费者大脑中建立起认知反应，占据消费者的心智货架。

在品牌竞争领域，每个品牌所占据的消费者心智货架的位置不一样，而市场结局有天壤之别。如果你的品牌进入了消费者的心智，建立了认知，则改变这一心智十分困难，除非竞争对手针对这一心智花费更大的经济成本和时间成本，否则消费者不会改变自己的信仰。

例如，王老吉品牌最早由加多宝运营，因合约到期而被广药集团收回，于是加多宝利用渠道优势，重新创建加多宝凉茶饮料品牌，在市场上与王老吉品牌拔刀相向，但最终加多宝败北。在加多宝与王老吉的较量中，王老吉能够胜出的最大优势便是它在消费者心智中烙下了“怕上火喝王老吉”的印记，占据了消费者心智货架的第一位置。尽管后来加多宝也推出了“怕上火喝加多宝”的广告，但还是无济于事。

3.4.1 数一数二的定位理念：品类定位

市场竞争就像奥运会上体育运动员的较量，每个人心中都向往第一、尊崇第一，因为人们只会记得冠军的名字。同样，在市场营销领域，消费者只会关注某领域数一数二的品牌。在激烈的市场竞争中，如果你的品牌不是第一，就要找到一个成为第一的赛场，否则就不能获得心智货架优势，容易被其他品牌替代。因此，如果品牌没有找到明确的心智战略定位，必然会阻碍企业的发展。

例如，日化巨头联合利华公司扬言要在全球砸百亿美元的广告费，让清扬成为去屑洗发水的第一品牌，取代海飞丝。但这么多年过去了，清扬经常遭受饱和困扰，也没有战胜海飞丝，因为海飞丝占据了消费者心智货架中去屑洗发水的制高点。清扬要重新占据这个制高点，不仅需要更高的成本、更富有创意的品牌塑造方法，还需要更长的时间。

消费者的心智容量有限，会对品牌保留有限的信息，因而大多数生意都集中在排名前两位的品牌。因此，企业的首要战略就是快速打造品牌第一的形象，快速抢占品类第一的心智货架，占据心智货架的制高点。

品类创新者有天生的“第一者”认知，这会给品牌后续发展带来强大的资源。杰克·特劳特[①] 提到了第一品牌有助于进入心智的两个原

① 杰克·特劳特是美国特劳特咨询公司的创始人及前总裁，是全球顶尖的营销战略家，以及定位理论和营销战略理论的奠基人和先驱。

因。第一，消费者认为第一品牌的产品肯定要好过其他品牌，最好的产品和服务赢得市场是真理。管理者的逻辑思维是“好产品自然卖得好”，但消费者的逻辑思维是“好卖的自然是好产品”。第二，“第一者”认知认为正宗的产品是第一品牌，而其他的都是模仿品、赝品。

如果“第一”的心智货架已属他人，那该怎么办？笔者建议你可以从产品属性、消费者情感、生产流程、产品成分等方面来重新设立赛场，在这个赛场中成为第一。例如，可以是产品销量第一；可以是产品每年产量第一；可以是市场第一，如第一个进入中国市场的品牌；等等。

现实中，广告法将“第一”这个词语列为禁用词汇，当然只要能够找到第一的信任状，也是行得通的。

即使你找不到成为第一的赛场，也还有抢占心智货架的机会。

乔治·米勒[①]认为消费者心智中有七个货架格子，在移动互联网时代，你的品牌至少要占据三个格子。在人们的潜意识中，冠军、亚军、季军都非常优秀，亚军、季军也有逆袭的可能。如果你的品牌目标是成为“第一”，但目前没有抢到“第一”的定位，那也要先抢占“第二”“第三”的心智货架。这就是“高筑墙、广积粮、缓称王”的竞争策略。

蒙牛的“老二策略”就是最典型的成功案例。

大家都知道之前牛奶行业的老大是伊利，蒙牛在创业之初无人知晓。意识到自己不能与牛奶行业的老大哥开展正面交锋，蒙牛便巧妙地通过“创内蒙古乳业第二品牌”的宣传响彻中国大江南北，扩大自己的品牌影响力。

① 乔治·米勒是澳大利亚导演、编剧、制片人，毕业于新南威尔士大学医学院。

迈瑞医疗的“老三策略”奠定了其在中国超声市场的位置。

迈瑞医疗历经二十余年的创新研制，实现了超声从黑白到彩色的技术跨越，打破了国际超声巨头GPS（GE超声、PHILIPS飞利浦超声、SIEMENS西门子超声）三足鼎立的局面，造就了GPM（GE超声、PHILIPS飞利浦超声、MINDRAY迈瑞超声）的全新市场格局。如今，迈瑞医疗以5000多亿元的市值成为医疗行业的领先品牌。

采用数一数二的品类策略，实质上是为了占据消费者的心智货架。消费者的心智对新品类是开放的，而占据了心智货架的优势位置就等于占据了品牌打造的制高点。

3.4.2 不同于特劳特的定位观点：品牌文化定位

从品牌的历史起源中可以看出，品牌是西方文化的产物，对中国来说，品牌是“舶来品”。

笔者不禁要问，如果我们不用品牌这个外来词汇，而是用产品或商品来描述是否可行？产品或商品一样可以提出品牌定位、品牌卖点，一样可以连接顾客、品牌主，一样可以做营销，而且产品也是传统4P营销理论的核心要素。

营销的本质是说服消费者采取购买行为。谈到消费者做购买决策，那么就不得不考虑到消费者的理性和感性思考逻辑，而要形成兼具理性和感性两种思考逻辑的说服力，显然用产品或商品这样的词汇并不能实现，而用品牌这个词更为可行。

品牌的直译是烙印，最早是为了进行差异化识别，建立商品之间的区隔。在营销中，品牌的内涵得到拓展，不仅是差异化识别的手段，而且是连接商品和顾客的媒介。在实际营销诉求中，品牌能够兼容商品特点和顾客买点（理性买点、感性买点）。

品牌寄生在人类社会的文化主体意识之中，只要谈到品牌，就要提到文化，提到顾客所处的文化背景和自身文化属性的影响。品牌与文化的相关性表明，品牌与产品相比，品牌更加源于和扎根于文化的土壤。

产品或服务在品牌化的过程中呈现出三维空间。低维空间是物的空间，诉求于品牌的功能；中维空间是情感的空间，诉求于品牌的情感和关系；高维空间是精神的空间，诉求于品牌的信念和信仰。其中，情感与精神的空间属于文化属性的范畴。

美国的品牌营销理念根植于“法、理、情”的理性文化，走的是理性路线，因此在品牌定位上一定要争夺品类的心智第一，在品牌诉求上以品牌的功能和差异化特征为主。

而中国的文化观念是“情、理、法”，注重家族观念、血缘观念，走的是感性路线，因而在心智定位上侧重于情感和精神表达。例如，奶茶品牌茶颜悦色强调中国文化，主张“越中国，越好玩”。因此，未来中国本土品牌的心智定位应该建立在品牌文化上，考虑如何利用好文化资源，使品牌文化定位成为抢占心智货架制高点的核心。当然这里说的文化资源并非仅仅限于中国传统文化，也包括外来的亚文化，如二次元文化等。

品牌寄生在人们的生活之中，以文化资源作为支点。品牌背靠文化这棵大树，通过品牌文化定位能够快速占据顾客心智货架的有利位置。类似的成功案例有很多，如中国的酒、茶、服装等品牌，西方的咖啡、餐饮等品牌。

人们常说：“只有民族的，才是世界的。”外国消费者也欣赏其他国家的文化元素，如喜欢中国的陶瓷、刺绣。因此，以民族文化作为品牌文化元素同样可以让品牌实现国际化。例如，中国香港的服装设计品牌上海滩被西方接受；上海家化的佰草集以其“中国美容秘方”“天然植物”“平衡皮肤阴阳”成功进入欧洲。美国的可乐、快餐、汽车也被中国消费者接受。

过去人们对于某个品类能够记住四五个品牌，而在移动互联网时代，人们能够记住的只有三个，有的品类甚至只有两个或者一个。未来你的品牌要想占据顾客心智货架第一的位置，关键在于挖掘品牌文化，形成鲜明的品牌文化定位。

要点四 包装创意

4.1 包装是品牌最重要的战略之一

在品牌营销中，认知要反映事实，大于事实。对于市场上很多零售品牌而言，包装是最重要的战略之一。

4.1.1 包装是品牌最重要的战略之一，体现为产品是品牌占据认知制高点的核心营销要素

我们知道，在传统的品牌营销四个要素（产品、价格、渠道、推广）中，产品是第一要素，也是消费者最直接接触、体验和使用的要素，其余的要素都是虚的，都是产品所附带的。产品是品牌占据认知制高点、塑造品牌力、构建营销力的核心营销要素，也是品牌连接消费者的极为重要的接触点。

产品组合与布局影响着品牌的成败。有产品就必然有商品包装，有的产品本身就具有包装的属性。本书中主要讨论有外包装的商品。

4.1.2 包装是品牌最重要的战略之一，体现为商品包装对零售品牌的销售起着决定性作用

包装是商品的外衣，在商品的销售转化中，消费者大多数情况下是

无法先使用商品的，而是首先接触商品包装，只有相中商品包装并付费之后才能体验。所以商品包装就成为影响消费者选择该商品的极为重要的因素，包装设计也成为品牌营销重要的着力点。

在激烈的市场竞争中，商品包装极大程度上影响了商品是否畅销、品牌是否成功。好的包装设计虽然不能确保商品畅销，但是让商品拥有成为畅销商品的可能，而包装设计拙劣的商品一定不会畅销。

4.1.3 包装是品牌最重要的战略之一，体现为商品包装是品牌落地最为重要的武器

包装设计主要体现在色彩和视觉符号上。值得注意的是：包装的色彩要与品牌的主色调相一致，能够形成色彩冲击力；包装的视觉符号要与品牌的视觉符号相一致，构筑品牌的终极影响力。

例如，可口可乐在包装设计上把红色作为主色，把弧线形作为视觉符号，无论是产品的包装，还是宣传海报及运输工具、销售工具等都是采用红色和弧线形，使消费者对产品产生红色的色彩记忆和弧线形的符号记忆。当消费者面对众多饮料品牌时，可以立即识别出红色和弧线形包装的可口可乐。

4.2 包装是商品的一张脸

人靠衣装，商品靠包装。在这个看“脸”的购物时代，商品的包装就是商品的一张脸，决定消费者选择哪个商品。消费者通过商品的包装这张脸来了解商品，判断一个商品的价值和风格，而一个好的包装设计也可以直接有效地表达出商品的气质和该款商品想要向消费者

传递的商品信息。因此，对商品进行包装是品牌营销必不可少且至关重要的环节。

4.2.1 包装是商品的一张脸，这张脸要有颜值

爱美之心，人皆有之，商品的颜值正成为消费者选购商品的重要参考因素。对于市场上大多数商品而言（产品造型设计的特殊商品除外），商品包装是展现品牌“美”的核心载体。如果商品包装不符合消费者的审美，入不了消费者的眼，那么广告宣传就是浪费的、徒劳无功的，甚至还会加速商品的消亡。

高颜值的商品包装总是让人眼前一亮，并成为众多消费者的选择理由。例如，屈臣氏在 2003 年推出了一款全新支装水，其充满新鲜感的包装设计让消费者眼前一亮——流线型的瓶身，简洁时尚的绿色包装以及独有的双重瓶盖设计，把单纯的“水”变成了一款独具时尚品位、尽显个人风格的商品（见图 4-1）。此次推出的新包装虽然沿用了公司一贯的绿色主调，但由于改用了活泼的鲜绿色，一方面保持了屈臣氏以往专业和清纯的形象，另一方面也让消费者感受到屈臣氏蒸馏水充满朝气和活力的产品气息，使屈臣氏蒸馏水在同类商品的竞争中领先一步。

图4-1 屈臣氏蒸馏水包装设计

高颜值包装遵循以下三条定律。

1."少即是多",简单直接地传递品牌的核心

使用这种包装风格的品牌很好地抓住了顾客的一种心理——实在不想被冗杂的信息淹没,更对繁复而无谓的装饰感到审美疲劳。

简洁的形式既可以显示审美品位,还可以直接有效地传递品牌的核心。这类包装可能是带有文化属性的图案风格,或者是带有科技感的极简抽象风格,也可能是采用柔和的设计,低调地显出精致的气质或定位。

2. 使用强烈的颜色和重复的图案

颜色唤起消费者的情绪,并影响购买决定。因此,颜色一直是包装设计中最重要的创意要素。商品包装选用明亮和充满活力的颜色,可以带给消费者强烈的视觉冲击。

实践中,使用精心选择的漂亮图案,打造富有记忆点的视觉符号,可以使普通的包装设计变得更出色。虽然重复的图案看起来很简单,但是重复的图案只要遵循一定的法则,便可以产生引人注目的形式美。

3. 使用精美的插画艺术,传递商品的品牌故事

插画作为现代设计中一种重要的视觉艺术形式,可以用于产品包装,提升产品颜值。

人们往往寻求和珍惜那些最接近心灵的故事。如果商品有品牌故事,那么可以在包装设计上传递这个故事。

插画正在成为包装设计师的重要武器,内容丰富的插画将使我们回想起很久以前的故事,或让我们回味品牌背后的故事。

4.2.2 包装是商品的一张脸，这张脸要有个性

包装除了要有高颜值，还要有个性。

包装的任务是展现出每个商品的真正特色，形成一个可以使消费者轻松认知的视觉系统，其核心是要有个性，而且要个性十足。

在商品琳琅满目的时代，年轻消费者拒绝同质化、大众化，追求充满个性的新事物、新主张、新消费。独一无二的态度主张，必然能让品牌更好地吸引年轻人的眼球，有效地建立与年轻人沟通的机制，从而赢得年轻人的支持和认可。

因此，在生产领域，只能针对不同的消费者小批量地生产各种个性化的产品，于是，包装设计也应该跟上并且适应这样一种趋势。一款有个性的新产品在市场上要将自己独特的外部形态和内在结构展示给消费者，以自己独特的用途和使用价值引起消费者的注意和兴趣，激发消费者的喜爱之情和购买动机。

商品包装如何才能有个性？即实现色彩、图形、版面、容器结构造型的个性化。

1. 色彩个性化

人在观察物体时，色彩对人的注意力的影响最大，同时色彩可以使人产生深刻持久的记忆。所以色彩可以作为一种视觉符号，体现商品的品牌特征，使消费者产生品牌记忆。

色彩的个性化设计是众多品牌在确定商品包装和推广中考虑的重要部分。色彩的作用不仅在于使包装设计美观，更重要的是，它是塑造品牌、促进产品销售的秘密武器。

2. 图形个性化

图形在包装中所占的面积大，功能性强，可以直接吸引消费者的眼球，使人产生丰富的联想。尤其是夸张、幽默的图形设计可以营造一种轻松欢乐的气氛，使消费者怀着愉快的心情迅速了解商品的信息。

夸张是个性化图形设计的一种常用手法，通常是将画面的主要元素放大或缩小，对产品的主要特征进行强调，增强图形的视觉冲击力和趣味性，引起消费者无限的遐想，达到包装设计个性化的目的。

3. 版面个性化

版面设计是将包装中的文字与图形进行排列和布局。版面的样式丰富多样，不同功能的产品需要不同样式的版面设计。例如，一些工厂用品、实验用品、安全用品需要给人精确严谨的感觉，所以其包装的版面设计变化较少，一般都是简单的横向排列和竖向排列，文字与图形之间位置整齐。与之相反，时尚用品的包装更多地采用不对称设计，各元素相互重叠组合、自由布局，凸显动感和时尚。版面的个性化设计是将文字与图形很好地结合，形成和谐的包装。

4. 容器结构造型个性化

在市场化的今天，容器结构造型个性化设计是商品在市场竞争中脱颖而出的重要因素，是提升品牌形象的重要手段。不同的容器结构造型能够产生不同的视觉效果，满足多层次的商品要求和消费需求。

模拟造型是现代家居日用品包装、化妆品包装、食品包装等最常用的造型手法，例如，把原来传统的圆柱体或长方体换成动物造型、植物造型或卡通造型等，使包装设计更具生动性和幽默感。

个性化商品包装是一种间接的销售手段，其通过有创意的字体、色彩、图形、版面、容器结构造型，体现商品的品质和企业文化。消费者可以通过有个性、有创意、有品质的包装对产品产生信任和了解，把产品定位在有价值、有品位的层次，从而提高产品的附加价值。

4.3 包装是商品最直观的广告牌

商品包装除了力求方便外，在视觉表现上应传达强而有力的商品概念、内容、风格及质感。因此，出色的包装是商品的广告，可以让消费者动心。消费者往往很难分清一种商品和包装，很多时候商品即包装，包装即商品。

通常消费者在货架上浏览一种商品的时间极为短暂，大约只有几秒。如果在如此短的时间内，消费者被某种商品的包装吸引，那么消费者就会对此商品产生兴趣和好感。而要达到这一目标，需要借助独特的色彩和符号。

包装直接针对商品，但又是品牌形象的具体化、标识化。包装是品牌形象的传播载体，包装带给人的印象会直接作用到商品上。

包装是品牌自我表达的视觉载体，包装设计传达的信息重点要和品牌定位及传播策略匹配，以求最快速地传达最关键的信息。这种信息传达主要通过包装视觉元素的强化或减弱来完成。

4.3.1 包装是商品最直观的广告牌，包装色彩要夺目

色彩设计在包装设计中占有特别重要的地位，我们可以利用商品包

装的色彩来吸引消费者的眼球。

在商品包装设计元素中，色彩的冲击力最强。在激烈的终端市场争夺中，要使商品具有明显区别于其他商品的视觉特征，更富有购买诱惑力，需要对色彩进行创意设计。

在商品包装的色彩设计中，一定要有主色调，而且色彩要纯正。为什么包装要有主色调，还要色彩纯正？在“货架空间思维”要点中，笔者讲过，设计商品包装时要运用货架空间思维。商品要想被消费者选择，商品包装就要在1米、2米，甚至是10米的距离被消费者看到，吸引他们来观察商品，直至购买商品。

例如统一阿萨姆小奶茶牛奶饮料包装，其主色调明快、清晰、纯正，能远远地抓住消费者的眼球（见图4-2）。

图4-2　阿萨姆小奶茶牛奶饮料包装

4.3.2　包装是商品最直观的广告牌，包装图形要抢眼

夸张是包装图形设计的一种常用手法，通常是将画面的主要元素放大或缩小，对产品的主要特征进行强调，增强图形的视觉冲击力和趣味性，引起消费者无限的遐想。

比如Pip & Nut品牌，用一只灵活跳跃的松鼠作为商标，加上清新可人的包装图案和新颖的小袋包装，给人一种轻松愉快的感觉（见图4–3）。凭借这种鲜活有力的包装图案，Pip & Nut品牌创始人Pippa Murray两年之间在Instagram社交媒体上收获5万多个关注。2016年Pip & Nut销量高达300万英镑，2020年该品牌增值4倍。而所有这一切都没有广告宣传，只是因为设计了一个具有广告效应的商品包装。

图4–3　Pip & Nut包装

4.3.3　包装是商品最直观的广告牌，包装造型要吸睛

在商品包装设计实践中，个性化的包装外观造型能展现一个品牌自身的魅力，让消费者找到商品的价值感，对品牌形成深度认同，从而心甘情愿为品牌买单。

从酒鬼酒麻袋陶瓶的包装造型，到可口可乐以女性曲线为灵感的包装造型，再到苦竹竹叶茶竹节形态的包装造型（见图4–4），以及华润五丰蔬菜胡萝卜形态的包装造型（见图4–5）等，都是最直观的广告牌，生动地展现了商品的属性、特点，足够吸睛。

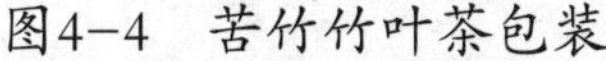
图4-4　苦竹竹叶茶包装

图4-5　华润五丰蔬菜包装

4.3.4　包装是商品最直观的广告牌，要凸显商品的购买理由

每一个品类的包装都会有一定的共性，而每一个品牌的包装都会以共性为基础，结合需要明确表达的重点诉求，凸显品牌的核心购买理由。从凸显品牌购买理由的角度看，商品包装在表达重点诉求时可以有多种策略选择。

包装设计要凸显购买理由，就要清楚消费者的需求与动机。例如，消费者的固有认知是“好牛产好奶”，所以如何在牛奶的包装上展现出牛的图形，通过这个符号让消费者记住并选购是包装设计的核心。蒙牛嗨MILK的包装设计就将奶牛的符号直观地展现在消费者面前，甚至将奶牛不同的舔舌形态展现在包装上，形成生动、有趣的包装系列（见图4–6）。

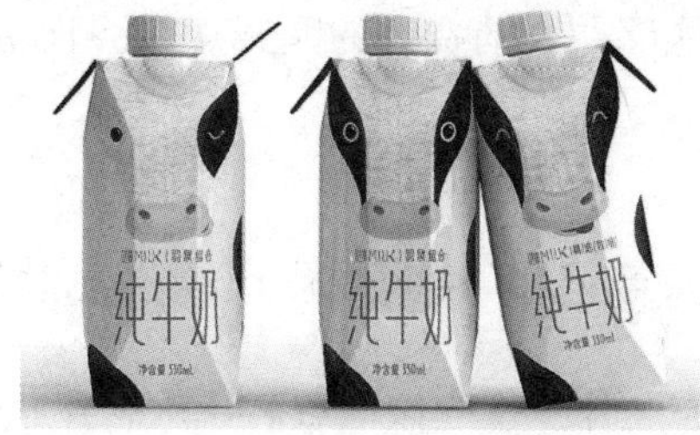

图4−6　蒙牛嗨milk包装

在上文中提到的统一阿萨姆小奶茶牛奶饮料，其包装的标签挂牌就是一个奶牛的造型，直观地凸显了该商品的购买理由。

包装采用直截了当的表现方式时，可以在包装展销面上突出商品的形象，也可以介绍商品的配料成分，吸引消费者的注意力。处理方式上比较多的是采用写实的逼真画面，也可以用摄影照片来引起消费者的注意。

另外一种凸显商品购买理由的包装设计方法是，利用整体或局部透明的方式直接呈现包装盒内的商品整体或局部。例如，生鲜食物的包装可能会开一个透明的小窗，让消费者看到里面的食物，以提高商品的可信度，这也是玩具、化妆品等所采用的包装设计。这样做的深层逻辑是商品本身就是最核心的购买理由。

4.4 包装是商品的名片

商品是连接企业品牌与消费者最直观的纽带，商品包装则是商品的名片，展现商品的品牌形象，以极为简要的信息与消费者沟通。

商品包装是商品所展现的直观形象，犹如一个人所表现出来的气质，是品牌或商品给消费者的第一视觉冲击，会在消费者脑海里形成形象定型。

商品包装往往能够左右消费者的购买意识，担负着传递商品信息、提升商品价值的重任。

4.4.1 包装是商品的名片，展示的是品牌形象

每个职场人都有名片，也应该都有名片。名片是什么？名片是展现个人形象和核心信息的纸片，这种小纸片是新朋友自我介绍、互相认识

的最快速有效的方法。

同理，每个商品的包装也应该成为商品的名片，让新消费者认识商品、记住商品，同时将商品介绍给别的消费者。

在此笔者要强调的是，在品牌传播中消费者扮演三个角色，即购买者、使用者、传播者。商品包装作为名片的首要功能是让消费者选购商品，但更为重要的功能是让购买过的消费者将商品主动介绍给别的消费者，实现一传十、十传百的传播。

包装是商品的名片，好的包装具有“播传”效应，并为品牌赋能，让品牌以极低的成本传播出去。为什么这个成本是极低的？因为消费者作为传播者会免费地为商品做宣传。

4.4.2 包装是商品的名片，是与消费者沟通的工具

1. 包装是与消费者沟通的工具，是商品的第一说明书

随着自助性销售方式的日益普及，在零售终端的商品不再是靠导购人员和营业人员的介绍实现销售，而是靠商品在货架上的“自我介绍”，即商品自己说话。应该让商品通过包装上的图文对商品进行生动化描述，吸引顾客，实现销售，从而建立“会说话的品牌”。

对于低介入度商品（注：低介入度商品就是消费者不需要投入过多时间和精力就能做出购买决定的商品），在包装设计中传递的主要信息包括商标、品牌、生产厂家、产品名称、原材料等。简单一句话就是，包装最好是产品的“说明书”。

这张“说明书”，并非说明商品的成分、含量，而是既要说明商品的品牌主张，又要说明该商品的独特卖点，还要说明商品卖点的信任状。

例如，王老吉的罐上既有“正宗凉茶王老吉”的品牌主张，又有“凉茶植物饮料”的独特卖点，还有支持商品卖点的信任状——“民族品牌王老吉，始创于1828年”“采用本草植物材料配制而成”。

又如，椰树牌椰汁的包装就是非常好的产品“说明书”，传递了信息干货，使产品畅销了30多年。虽然有人说椰树牌椰汁的包装很土，但笔者认为它是成功的。

2. 包装会与消费者对话

在更迭迅速的快消市场，好看又好玩的饮料包装不仅是免费的广告牌，而且自带话题属性。例如，江小白包装上的时尚语录，新希望牛奶包装上的城市记忆，拉面说包装上的微话语。

美国学者托马斯·科洛波洛斯和丹·克尔德森在《圈层效应》一书中这样形容年轻人的消费特征：年轻人更在意购买决策背后的用户标签。商品不是越贵越好，也不是性价比越高越好，他们买东西其实是为了给自己打标签。

我们常说商品要品牌化，而在商品品牌化的过程中，最为重要的是赋予品牌个性，这个个性最直接地体现在商品包装与消费者的对话上，对话的背后是让品牌在消费者心智中打下标签。

因此，对于零售品牌而言，商品包装是让消费者认识商品、认识品牌，以及塑造品牌的极为重要的渠道。

品牌通过商品包装向顾客讲故事，甚至可以和顾客建立对话。

买过三只松鼠的人都会有一种感觉，那就是自己仿佛真的在和松鼠对话。三只松鼠以“主人”称呼消费者，这会给消费者一种被尊重的感觉，满足人们的虚荣心。同时，“主人”通常代表了一种归属关系，称消费者为“主人”，意味着品牌与消费者建立了一种长久关系。所以，别小看这句简单的“主人”，它其实蕴含了很多消费心理学原理，能帮助品牌和消费者快速地建立亲近关系。

网红拉面拉面说也因为它的微话语，打造了它的品牌烙印。

拉面说的包装就是一个信息沟通包。以豚骨叉烧拉面为例，外包装上有“拉面说”品牌字号，有“家里的拉面馆”品牌定位，有猪的视觉符号，有“豚骨叉烧拉面”品名。打开包装，内包装和配料的包装袋上面都有与消费者沟通的话语。具体如下：

拉面说——家里的拉面馆；

包装盒——懂得善待自己的胃就不是孤单；

拉面——话不宜满，水不宜多，一半正好；

面汁——浓郁日式豚骨风味，工序挺复杂的；

芝麻——芝麻说，开门；

葱花——好好的葱，总是被认为很装蒜；

麻笋——春雨里洗过的笋，希望在自由地生长；

木耳——你微微一笑，我都知道你在想什么；

红姜——一统“姜”山；

海苔——过不了面朝大海的生活，至少可以面朝大海苔。

4.5 商品的包装升级

心理学上有一个多看效应，简单说就是一个东西看得越多，就会觉得它越好。而包装是消费者对品牌形成认知的第一个触点，是品牌资产非常重要的组成部分。所以很多品牌为了持续加深消费者对品牌的印象，让品牌资产保值，不会轻易改动包装。

随着时代的变迁，新兴消费群体崛起，消费呈现年轻化，很多品牌出现老化，商品包装已经不合时宜。套用企业家张瑞敏所说的“只有时代的企业，没有成功的企业”，那么，可以说“只有时代的商品包装，没有成功的商品包装”。因此，面对新时代的消费人群，有必要思考商品包装的升级。

虽然更新视觉体系好处多多，但先别急着对自己的品牌动手，在包装升级之前，还需要考虑清楚下面这两个问题。

4.5.1 品牌目前处于什么阶段，现阶段更需要积累品牌资产，还是给消费者带来新鲜感

打造品牌的本质是在消费者心智中烙下印记，品牌资产在于重复、积累。如果目前品牌还处于让消费者认识、熟悉的阶段，就不适合改变包装。因为此时品牌通过商品包装刚在消费者心中建立起品牌认知，还需要商品包装来强化消费者对品牌的印象，如果过早改变包装会造成一种“不确定感”，使消费者难以对品牌建立信任。

还有一种情况是经过多年的品牌经营，消费者已经习惯了该品牌的包装风格，甚至它的包装已成为一代人的共同记忆，有了情怀属性，那么品牌对包装进行改动就会破坏大家的共同记忆，让消费者产生“背叛感”，这种负面情绪就会“发泄”到品牌身上。

例如，2009 年年初，Tropicana（百事旗下的果汁品牌）将其原来的“伸出吸管的橙子”的包装图案换成了一个更简单的设计，即一个装满橙汁的玻璃杯（见图 4–7）。

图4-7 Tropicana的新旧包装

消费者认为新包装丑陋，像大路货，他们在网络上气愤地表达自己的意见。不久后，Tropicana 承认，他们低估了消费者的忠诚和热情，并且决定换回原来的包装，这不是因为新的包装影响销量，而是希望能安抚铁杆消费者，尊重他们的感受。

笔者认为，包装升级不能为了升级而升级，要多思考现阶段的包装设计是否需要升级。另外，就算包装要升级，也要做一个调研，先盘点原来包装的品牌资产，做到心中有数，在原品牌资产基础之上做包装升级，从而既为品牌积累资产，又推动销售量提升。

商品包装升级有两种情况。一种是为了使品牌形象更鲜活，让包装符合时代审美，在原来的基础之上，对商品包装进行升级。实践中，这类包装升级的需求较多。另一种是品牌已经有了一定影响力，但被其他品牌跟风模仿，为了守护自己的品牌资产，与其他山寨产品区隔开，选择升级包装，比如食族人酸辣粉（见图 4–8）。

旧包装

新包装正面

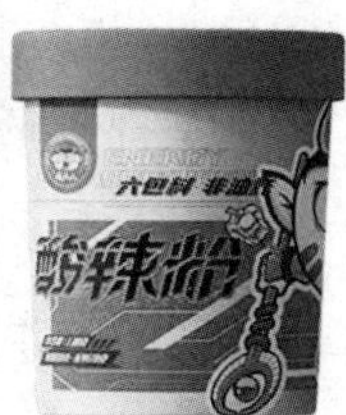

新包装反面

图4-8 食族人新旧包装

2017 年，食族人刚上市时，它的牛皮纸包装和开盖设计在速食食品品类下还比较少见，后来市场上就出现了一大批类似的包装。为了保护自己的品牌资产，食族人在 2020 年将包装改为了锡纸，品牌形象也从原来的可爱风改成了炫酷、有未来感的风格。新包装很好地平衡了“维护品牌资产”和“升级品牌形象”两个目的。

所以品牌在升级包装之前，首先要问问自己：现阶段最重要的宣传目标是什么？

4.5.2 如果决定进行包装升级，那么包装升级的创意方向是什么

要想让商品包装在消费者心中占据一席之地，首先要让消费者对包装的视觉系统有所感知，形成记忆，并设法不断强化。而这个包装的视觉系统设计，必须遵循内在的结构逻辑。商品包装设计的结构包括色彩设计、图形设计、版面设计三个方面，这三个方面也是包装升级的创意方向。需要说明的是，对于某些品类，容器结构造型设计也是极为重要的方面，但因其不具有很强的普遍性，在此不做详细讨论。

1. 从图形符号改变开始，升级包装设计

包装升级的关键是使包装图形视觉符号化、年轻化的同时，放大核心卖点。

在包装设计时可以将商标或品牌名作为表现重点，强化品牌的力量。商标作为品牌的一部分，区别于其他产品或服务是其最基本、最重要的功能，它包含着消费者对产品或服务的信誉、品质和个性是否具有认同感，这种辨识性和认同感不仅可以增加商家产品的销量，还可以大大减少消费者在选购商品时所花的时间和精力。

例如品客食品品牌，其卡通形象 Mr.P 先生修剪了头发和胡须之后，更整洁灵动了，再配合一些动态效果的宣传，更显得憨态可掬，惹人喜爱。

品客是全球最早使用便携式纸桶包装的薯片品牌之一，其 Logo 和卡通形象 Mr.P 由 Louis R. Dixon 最早设计于 1967 年。品客 Logo 变化过程如图 4–9 所示。

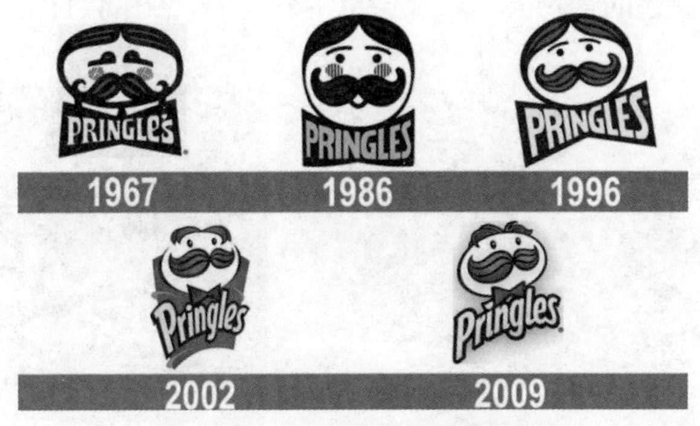

图4–9　品客Logo变化过程

在 2020 年，这个胡子大叔又改变了形象，中分头变成了圆溜溜的光脑袋，胡须也被重新打理，染成了黑色，整体形象更轻盈可爱。薯片桶的配色也变得更鲜艳亮丽，更能突出薯片的产品特色（见图 4–10）。

图4–10　品客的新包装

把包装打造成年轻人喜欢的样子是品牌年轻化的第一步，在这个过程中，不同的品牌对年轻消费者形成了两个共识：第一，年轻人追求个性，所以偏好有个性、有时尚感的设计；第二，他们是互联网原住民，所以能打动他们的设计要简约、时尚，最好再有点科技感。

第二步是使包装更清晰，易识别，体现产品本身的特点。比如汉堡王全球首席营销官 Fernando Machado 就提到，他们重新设计 Logo 的理由是“没有蓝色的食物”和“汉堡也不发光”（见图 4–11）。

图4–11　汉堡王包装升级

我们可以明显看出，在印刷或是制成宣传牌之后，新版的设计给人的观感更好，更直观、清晰，换句话说，“一看就是卖汉堡的”。

品牌主都有一个共识——“得年轻人者得天下”。同时各个领域的消费数据都指向了一个结论——这代年轻人，他们“看脸”，看商品包装这张脸。

所以我们看到，汉堡王 2020 年升级的品牌包装中，最明显的变化是重新设计了 Logo。Fernando Machado 认为原 Logo 虽然很有设计特点，却不能体现年轻化的心态。因此，新 Logo 提高了文字的比例，让它更符合现代简洁的审美。

2. 打造独具创意的视觉符号，凸显商品的核心卖点

对于具有自身特色或某种特殊功能的产品而言，在包装设计时可以

将商品本身的形象作为重点，打造独具创意的视觉符号。这个视觉符号要简明、醒目，同时要使商品形象真实生动，以增强商品的感染力。

例如，益盛药业旗下的汉参品牌在做包装设计时，将中国千年古方养生智慧以风格化、符号化的形式呈现。汉参品牌的红参品类新视觉形象——太极元素符号与精致现代的美学字体相结合，代表着一种天人合一的超然境界，蕴含着从内到外舒适、自在之意。消费者一看到这个太极符号就明白红参这个产品的文化底蕴（见图 4–12）。

图4–12　红参包装

美国冰激凌品牌 Baskin & Robbins 的品牌名是两位创始人的姓氏组合。相传两位创始人坚信来店里享用冰激凌的客人应该拥有选择不同口味的机会，因此店内随时都有 31 种口味，一个月 31 天每天都可以选择不同口味的冰激凌。因为“BR”两个字母恰好能拆分出“31”的形状，所以这个品牌也常被称为“31 冰激凌”。

31 冰激凌也在 2020 年进行了一次包装升级，“31”的部分换成了对应口味的图案，比如草莓味的冰激凌，“31”的部分就用了草莓的图案（见图 4–13）。新包装设计更突出了“31 天每天都有新口味”的品牌理念，把产品的口味具象化，配色也更鲜艳明快，看上去更加诱人，让人联想到在烈日炎炎的夏天吃到美味冰激凌的快乐感受。

图4-13　31冰激凌新包装

洽洽每日坚果和一町拉面的商品包装都直观地突出“鲜”的核心卖点，不同的是，洽洽每日坚果突出的是“掌握关键保鲜技术”，一町拉面突出的是“中国保鲜拉面典范”的定位。洽洽每日坚果和一町拉面的视觉符号都以Logo为主，不同的是，一町拉面是“鲜”的超级符号和“碗”的超级图形（见图4-14）。这两个品牌都让人快速识别到视觉符号，并认知到商品的核心卖点与购买理由，从而迅速做出选购决定。

图4-14　一町拉面商品包装

图4-14　一町拉面商品包装（续）

华润五丰蔬菜以产地直供、天然营养为主要卖点，在包装设计诉求上希望体现天然的概念。因为产品主要定位于中高端市场，所以华润五丰蔬菜在包装设计上采用环保、简约的设计理念，将蔬菜常用的透明包装盒作为视觉表现主体，在整体包装中融入了蔬菜的真实照片形象，并进行了简洁的画面排版及色彩搭配，从而与同类产品的包装设计形成了明显的视觉化差异，使人感觉更加清新自然（见图 4-15）。

图4-15　华润五丰蔬菜包装

3. 多个不同的商品，包装设计最好实现陈列化

《疯传》一书中曾提到，产品要想具备强大的传播力，需要一个能

激活大众记忆，让大众联想到品牌相关内容的有效刺激，且刺激物需要能够频繁地出现在人们的日常生活中，这个刺激物就是商品包装。

商品包装是品牌最重要的、宣传成本最低的媒介，影响用户的消费决策，所以需要花大力气琢磨包装的视觉符号。陈列柜就那么大，要形成“面”上的组合型视觉效果，抢夺消费者的眼球，需要运用货架空间思维，实现包装设计陈列化。商品要想被消费者选择，商品包装就要在1米、2米，甚至10米的距离被消费者看到。

包装堆头陈列是品牌重要的营销方式。堆头不仅是包装展示，还是品牌的超级信息包，它从侧面烘托了卖场气氛，更直观地向消费者传递了商品信息。

包装设计陈列化，不仅便于抢占货架，还可以为品牌赋能。当品牌的视觉体系具备了一致性时，不但能加深在受众心中的印象，还能塑造出专业感——就像给品牌旗下的所有产品都穿上了统一的制服，强化了整体形象感，起到了“1+1 > 2”的效果，提升了整个品牌的“精神面貌”。

建立商品包装视觉风格的统一性，不但能强化品牌在用户心中的形象，也能更容易地引导消费者购买。举个例子，当你来到超市想购买亨氏的产品时，它统一的设计风格能够让你很快地从花花绿绿的货架上辨认出它。这不仅节省了消费者寻找、筛选的时间，也减少了消费者被其他品牌吸引注意力的风险（见图4–16）。

包装设计是整体营销策略的一部分，因此在设计商品包装时要遵循一个原则：尽量去呈现你的产品，放大购买理由。例如，颜色要鲜明、冲击力要强、字体要放大、符号要加强等。

图4-16　亨氏陈列化的商品包装

同时，系列产品与独立产品的包装设计是有所区别的，各个产品应有其特色，但又要保持一致的品牌标识。出色的系列产品能让宣传更有力，强化品牌形象，让商品包装成为真正的营销利器。

要点五　视觉磁场

5.1　视觉磁场是什么

磁场本是物理学中的概念，是指传递实物间磁力作用的场，它存在于宇宙中，是一种看不见、摸不着却又真实存在的物质。每个消费者都是一个“行走的磁体”，当一个品牌向消费者发出磁场时，消费者随时有可能与周围的世界，也就是他感知到的品牌相连接和共振。而品牌本身是一个固定的“磁体”，通过视觉磁场，吸引无数个消费者磁体。

品牌传播的本质是发动消费者替品牌传播。品牌有了自己的磁场和吸引力之后，就能让消费者主动替自己传播。

每个品牌都有自己的磁场，在互联网时代，这种磁场散发的能量无时无刻不在为品牌效力。如果品牌内容不能吸引消费者的注意力，就不用奢求消费者会深入地认识品牌、了解品牌。而在品牌内容中，视觉内容的表达力远远超越文字。有研究表明，人类大脑处理视觉信息的速度比文字信息快 60000 倍。简单来说，就是在堆积成山的文字和精美布局的图片中，人们第一眼都会看向后者。因此，视觉内容是品牌内容的重中之重。例如，沃特尔（E.Walter）等的《一本书学会视觉营销》强调传播的符号应该从以文字为主转向以视觉信息为主。

视觉磁场的核心优势是用视觉内容找到触动消费者心智并留下烙印的点，这个点是传播的磁体，吸引成千上万的消费者。笔者将品牌的视觉磁场分为“视觉识别磁场”和“视频营销磁场”两个维度。

5.2 视觉识别磁场：“视觉符号化”“视觉媒介化”

5.2.1 品牌视觉识别

对于品牌识别，著名的品牌大师大卫·艾克这样定义：品牌识别是品牌战略者们希望创造和保持的能引起人们对品牌美好印象的联想物。从这个定义中可以知道，品牌识别是一种联想物，目的是为了引起人们对品牌的美好印象。

在品牌打造中，品牌识别是作为品牌的一种本质属性而存在，而不是一种具体的动作行为。也就是说，只要你做品牌，品牌识别就会存在于其中，只不过是有品牌识别优劣之分。

品牌识别为品牌提供了方向、意图和价值，包括：品牌的核心与灵魂是什么？核心价值是什么？代表的是什么？希望表现怎样的品牌个性？

品牌识别由品牌核心价值识别和品牌视觉识别组成。

有关品牌核心价值识别的内容，笔者在“价值表达”要点中有过详细讲解，此处不再赘述。品牌视觉识别包括“核心视觉识别——商标、IP 符号和延伸视觉识别——辅助图形”。

虽然视觉识别是必不可少的一步，但它不是全部，不能解决所有问题。真正的问题不是图形的设计，而是图形所描绘的实质。规范的外观表现只是对品牌内涵的某种表达。对品牌的清晰定义是选择符号标记的先决条件。虽然很多品牌主都有品牌识别商标、图形，但拥有这些商标、图形的品牌主绝大多数仍难以找到其品牌的精确定义。

谈到品牌打造，品牌主最为关心的是品牌识别，因为成立品牌始于品牌识别。而在品牌识别当中，最受关注的是品牌视觉识别。或许是受美容业的影响，很多企业自觉或者不自觉地开展了品牌视觉识别改造或升级。

如果品牌视觉识别改造或升级恰当，可以为品牌塑造带来好的改变。可是，在品牌视觉识别改造或者升级的过程中，与以前的品牌视觉识别相比，新的品牌视觉识别常常失去特点或特色，容易出现“大众脸”，其结果是品牌的特征逐渐减弱了，辨识度没有了。

品牌的英文释义是烙印，烙印靠的是个性与独特性，最容易被人记住和传播的品牌并非“大众脸”，而是让人印象深刻的“个性脸、特色脸”，甚至是让人一眼就记住的“记号脸、刀疤脸”。

毋庸置疑，品牌视觉识别设计需要遵循美感，可是只注重美感对品牌塑造是不利的。其实从设计美学的角度来说，只要设计师遵循形式美法则（如对称、重复、渐变等），品牌视觉识别具有设计美感并不难，难的是品牌视觉识别真正地为品牌资产积累打上品牌烙印。

5.2.2 最简单的视觉识别是视觉符号

如果把目标受众和品牌比喻成两块木板，则把二者连在一起的是定位。“定位”是一个语言概念，如同钉子，而将这颗钉子钉入客户心智的工具就是“视觉锤”。

什么是视觉锤？视觉锤的概念最初是由美国公认的新一代营销战略大师劳拉·里斯提出的。视觉锤的核心概念是：“视觉时代，视觉形象就像锤子，可以更快、更有力地建立定位并引起顾客共鸣。”

品牌传播主要是起到说服作用，视觉锤作为视觉语言仅仅是对视觉功能的概括，在视觉传达的过程中，真正起作用的是视觉识别语言。

视觉符号是意义的载体，是精神的外化呈现，同时，它具有能被感知的客观形式。在视觉符号中，既有感觉材料，又有精神意义，二者统一，不可分割。

视觉符号与被反映物之间的关系通过意义来呈现。在品牌传播中，视觉符号将需要传播的品牌意义准确地传递给顾客，起到让顾客选购该品牌的作用。

因此，我们可以说实践中用“视觉符号”来表达视觉说服比用“视觉锤”更为贴切。

视觉符号在实践中的应用早在19世纪初期就影响了品牌营销界。当前国内业界比较出名的视觉符号设计公司有华与华公司，其创始人华杉老师提出了视觉符号就是超级创意的观点。

1. 将规则图案打造成视觉符号

奥格威说：“我们坚信每一则广告都必须被看成是对品牌形象这种复杂的象征性符号作贡献，以及对品牌声誉所作的长期投资的一部分。”

例如厨邦酱油，绿格子桌布的图案就是它的视觉符号。由于从50后到80后都对绿格子印象深刻，因此当品牌把这个视觉符号应用在自己的产品上的时候，就能够调动起这部分消费者的已有认知，进而增加关注度。

笔者为深大极光创作的防伪长城图案也是视觉符号（见图5–1），顾客通过这个符号能实现快速识别，并认知到深大极光从事防伪业务。

图5-1　深大极光防伪长城图案

又如，2019 年海能达全球合作伙伴会议将发射的光束作为活动的视觉符号（见图 5-2）。

主视觉

辅助视觉

会议大屏幕

会场入口

图5-2　2019年海能达全球合作伙伴会议的视觉符号

创建品牌形象的最好办法是打造视觉符号。打造视觉符号的关键是找到一个人人熟知、人见人爱的，与品牌的基因相契合的文化原型。出色的视觉符号能让一个品牌在一夜之间成为亿万消费者的朋友，迅速建立起品牌偏好。

2. 将卡通形象打造成视觉符号

欣蕾幼儿园是覆盖全国的幼儿教育机构，“快乐成长”这一核心价值深深地根植于其品牌基因当中。欣蕾幼儿园要依托“快乐成长”的文化原型，寻找代表快乐成长、启迪梦想的文化符号。提到快乐成长，我们几乎不假思索地想到了文化符号——笑脸。

打造视觉符号的方法就是使用原型符号，而且要使用生命力最强、最长的原型符号。这样的符号过去有多少年的历史，未来就有多少年的生命力。

幼儿园是孩子们知识启蒙的场所，欣蕾幼儿园的原型符号自然要扎根于“知识”之中。那么，什么能够代表学到了知识？我们需要深挖最能代表知识的文化符号。我们通过对中西方文化的挖掘，以及对家长们的调研发现，博士帽最能代表知识。

博士帽由西方国家发明，并成为很多地方标准学位服的一部分，如今博士帽已经成为代表知识的文化符号。

找到了博士帽这个代表知识的文化符号，接下来我们就要考虑把它私有化，设计成为欣蕾幼儿园品牌专属的视觉符号。

如何将博士帽这个符号私有化？

第一，要有“熟悉感”，即人人都认识，人人看得懂，最好能够植根于家长们熟悉的学习场景，方便与家长沟通互动。

第二，要有“自明性”，也就是可以无须解释，准确传递价值，没有歧义。

第三，要传递“行业属性”，即与欣蕾幼儿园的教育行业属性有明确的关联性。

因此，我们要寻找象征物来体现“熟悉感、自明性、行业属性”。经过不断的头脑风暴和创新，我们为欣蕾幼儿园设计了可爱小萌猴欣欣的视觉符号，并赋予欣欣智慧、可爱的角色特点（见图 5–3）。

欣欣

欣蕾幼儿园徽章

图5–3　欣蕾幼儿园视觉符号

从品牌资产来看，品牌名是第一资产，标志是第二资产。因此，打造视觉符号最好从品牌 Logo 开始。香木香羊烤全羊的品牌 Logo 运用了贺兰山羊岩画图腾这个符号，传递了宁夏滩羊和宁夏烤全羊文化（见图 5–4）。

图5–4　香木香羊品牌Logo

这个 Logo 为什么用羊？

因为名字里本身就有个“羊”字，而且企业的经营业务是烤全羊。

为什么是卷角的羊？

因为他们家的羊是宁夏盐池滩羊，滩羊的角是卷的，而且这个羊图形来自贺兰山岩画。

Logo下方为什么要放几个不认识的小字？

小字是西夏文，意为“香木香羊”。在此，体现了香木香羊拥有西夏文化原力。

视觉符号讲究发掘品牌与生俱来的戏剧性。香木香羊的戏剧点是“羊”。羊是一个人人都看得懂的，并且不会产生理解偏差的视觉符号。借助这个已经被人记住、理解并喜欢的视觉符号，将品牌文化植入其中，就能大大减少消费者的记忆成本和品牌的宣传成本。

超级视觉符号是指人们熟悉的、喜爱的，并且按它的指令行动的系统，具有人人都有认知、人人都看得懂、容易被接受的特征。好的超级视觉符号方便消费者认知，可以轻易地改变潜在客户的品牌偏好，在短时间内发动大规模的购买行为，让品牌自动成为消费者的首选对象。

3. 将平面设计的核心元素打造成视觉符号

平面设计的核心元素如何打造成视觉符号呢？笔者在此介绍一个实用的打造视觉符号的创意方法——异质同构。什么是异质同构？简单来说就是用熟悉的元素，通过排列、组合等方法，打造一个富有创意的、具有冲突的新视觉图形，这个全新的视觉图形是大家所熟悉的、一看就懂的，一句话说就是“用旧元素呈现新组合”。

例如中国平安银行的海报，就通过英文字母的重新组合（如Across重新组合成奔跑的人），展现出了各种体育竞技的动态形态（见图5–5）。

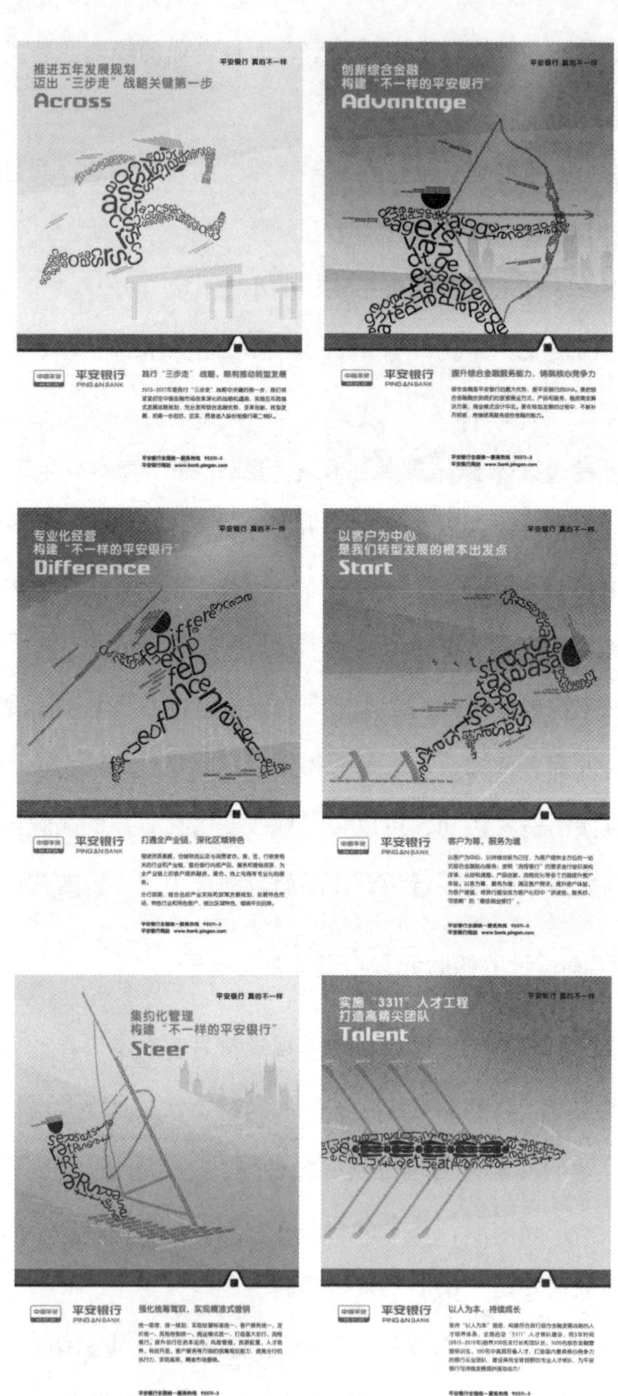

图5-5 中国平安银行海报

又如，茶颜悦色奶茶的纸杯也使用了“用旧元素呈现新组合”的方法（见图 5-6）。

图5-6　茶颜悦色奶茶纸杯

在品牌营销中，符号是极为重要的品牌认知资源，视觉符号并没有创造新的、不同的东西，而是旧元素、新组合，是在操纵心智中的已有认知。品牌营销高手应该具有把这种认知转化为品牌的一种生产要素的能力。

2019 年，洽洽食品推出了限量版的台历，台历最大的亮点是包含了洽洽二十四节气海报。海报设计者以洽洽瓜子为核心元素，将洽洽瓜子的“旧元素”形态与小鸟、金鱼、青蛙等动物的“新组合”形象进行创意同构，创作出了令人眼前一亮的视觉符号（见图 5-7）。

5.2.3　视觉物料的视觉媒介化

基于多年的品牌营销实践，笔者对品牌视觉识别进行重新认识和重新理解后发现，只有基于媒介思维的品牌视觉物料才能让企业品牌在传播的过程中形成品牌整合宣传的引爆力，并更有利于打造品牌。

图5-7　洽洽二十四节气海报图例

在理解媒介思维之前，我们先来了解什么是媒介。百度百科对媒介的定义是：在传播学意义上（狭义上）是广告媒介，指利用媒质存储和传播信息的物质工具。加拿大学者马歇尔·麦克卢汉[①]曾经提出“媒介即信息”，这是对媒介的高度概括，也就是“信息即媒介”——只要该物件可以传播信息，具有载体功能，就可以成为媒介。

媒介思维是指在品牌运用过程中，将消费者在不同时间、空间里接触到的一切能展示品牌信息的物料用于品牌建设。媒介思维的核心本质

① 马歇尔·麦克卢汉为20世纪原创媒介理论家。

就是“视觉媒介化”（下文简称媒介化）。例如名片、手提袋等，如果你只是把它们当作普通的设计细项，那么就只能形成普通的视觉识别设计。如果从媒介思维的“媒介化”视角来看，那么你就会有新认识，即名片、手提袋等物料是品牌宣传的武器，而我们所策划与创造的内容则是媒介化的视觉信息，这些信息要清晰准确地表达品牌身份与品牌意义。

在品牌视觉识别中，产品是与客户沟通最直接、最重要的载体，产品可以媒介化，成为品牌宣传最为重要的工具。例如，苹果手机就是其品牌展现创新和与众不同的最为直观的媒介；劳斯莱斯汽车就是其品牌展现豪华汽车和令人尊敬的媒介。

另外，名片可以媒介化，成为品牌宣传的工具；手提袋、商品包装、品牌官网、门店终端可以媒介化，成为品牌宣传的工具；纸杯可以媒介化，成为品牌宣传的工具，在纸杯上出现一次品牌信息就是一次广告；门店的门头可以媒介化，成为品牌宣传的工具，在门头上出现一次品牌信息就是一次广告；甚至员工穿的衣服也可以媒介化，成为品牌宣传的工具，在衣服上出现一次品牌信息就是一次广告。

同样，大街上的店面不仅是店面，更是宣传品牌的媒介。品牌店面作为媒介，其装修和视觉物料的核心是视觉呈现的文化风格，以表达不同的品牌文化，展现不一样的视觉磁场，形成不一样的品牌个性与顾客偏好。

例如，同样是奶茶品牌，茶颜悦色给人以中国风的视觉体验，其视觉元素是中国元素；喜茶给人以现代时尚的卡通视觉体验，其视觉元素是简约的图形元素；而奈雪的茶给人以日式风格的视觉体验，其视觉元素是日式元素（见图 5-8）。

图5-8 茶颜悦色、喜茶和奈雪的茶店面风格

此外，笔者建议品牌主秉持视觉媒介化思维，全力启动视觉识别媒介化联动工程，打造终端体验系统，将任何一个出现在终端的相关物件，如一套桌椅、一把雨伞、一张台卡、一张贴纸等都打造成品牌视觉宣传的自媒介。例如，可口可乐就是成功的品牌案例，不仅在大大小小的销售终端有可口可乐的身影，而且在户外场所也经常可以看到可口可乐的自媒介——印制可口可乐标识的桌椅、雨伞等。

5.3 视频营销磁场："故事化""视频内容分发矩阵"

近几年，短视频快速发展，已然成为人们生活中获取信息的重要渠道，也让许多企业和个人获得了大量粉丝的关注。因此，视频成为品牌极为重要的视觉磁场。

一个视频只有具有良好的播放率，才能得到平台更大的推荐曝光。

平台的推荐机制基于完播率、点赞数、评论数、转发数，而且完播率是第一位的，只要能完整播放，基本上点赞、评论、转发不会少。

5.3.1 视频内容故事化

一个成功品牌的背后是无数个感人至深的故事，没有故事就没有品牌。对于视频或短视频，无论采用什么样的表现手法、剪辑手法，都应抓住人物、场景、故事三条线，理清逻辑关系，而如何讲好故事，讲述一个完整的、温情的故事是重中之重。

杜克大学教授丹·艾瑞里在《怪诞行为学》一书中说，我们购买的东西不仅仅是物品本身，而且包含了物品所承载的理念和价值。人类的大脑很容易形成一些心理快捷键。心理学家称这些心理符号为心理书签，其把物理世界里的特定情绪和暗示连接起来，通过产品与一些积极情绪产生一定联系，这些标记会被品牌公司植入我们的头脑，刻在心上。

物品所承载的理念和价值通过故事来表现再好不过了，拥有能够触碰并感动消费者心灵的故事，便是品牌传播的至高境界。你的品牌有什么故事，能够唤起消费者怎样的情感？这个故事可能是关于人们对某个年代的回忆，可能是关于品牌的历史、创始人、设计师、家族等，甚至可能是关于一次旅行、一场梦、一次偶然的经历、一个儿时的梦想、一个狂热的爱好、一次恋爱等，这样的故事都能够使品牌拥有感情力量。

如何让这些感动与品牌产生关联呢？每个人一生中都会有难以忘怀的感动瞬间。我们就是要思考在消费者感动的瞬间如何让你的产品提供应有的价值，让你的品牌与消费者建立起情感链接。

例如 DOVE（德芙）巧克力的“Do you love me”品牌口号，在这个风靡全球的口号背后，是一个凄美的爱情故事：一对因为巧克力冰激凌融化而错过的恋人成就了感动世界的浪漫巧克力品牌。当把品牌背后的故事公之于众后，世界上越来越多的人爱上了因爱而生、从冰激凌演变而来的德芙。

2019 年父亲节这天，各大品牌围绕这个内容热点掀起了一场营销大战。其中，五粮液发布了一部名为《爱的视角》的微电影，诠释了不一样的父爱，并将品牌营销与父爱的主题完美结合。在微电影的下方，有一条文案是这样诠释父爱的："有人说它重如山，有人说它深似海，有人说它沉默无言，也有人说它是力量的源泉，也许，从不同的'视角'看，你会有不一样的发现。"五粮液的这部微电影以"5 岁，13 岁，18 岁，28 岁，揭露父爱的真相"为主线，触动了消费者关于父爱的敏感神经，引发了情感共鸣（见图 5-9）。

图5–9　五粮液《爱的视角》微电影

华为曾发布了一支有温度的科技品牌视频广告，让消费者感受到华为不仅科技领先，也从更贴心的角度关注更多用户群体对于手机的需求。

该广告中，一位父亲带着女儿去逛圣诞集市，但因为小女孩患有失聪，所以街上欢快的音乐、甜美的祝福她都无法听见，在她的世界里一切都是安静的。平安夜，小女孩在入睡之前，准备了一杯热牛奶和小饼干，希望睡梦中能遇到圣诞老人。结果“圣诞老人”如愿而至，给小女孩带来了华为Mate 20 Pro手机，同时手机上的StorySign应用能够让小女孩独立进行阅读，享受阅读带来的快乐（见图5-10）。

图5-10　华为Mate 20 Pro手机广告

在视频中有这样一句话：“许多听力障碍儿童难以阅读，华为正在帮助改变这种状况。”看到这句话时，相信很多人都会真心地想为华为点赞。虽然我们知道这支广告是在宣传产品，但是这样有温度的宣传是能够让人接受的。

从消费者端来看，有故事的品牌是可以走到人们内心深处的。品牌需要让用户真切感受到企业品牌是有温情的、与用户是零距离的，最好可以让用户产生出一种强烈的“你懂我”的情感共鸣。

5.3.2　构建视频内容分发矩阵，打造视觉强磁效应

内容与传播渠道是品牌传播的两个方面。酒香也怕巷子深，无论内容多么优质，如果得不到好的传播，其价值也是零。因此，构建媒介分

发矩阵，实现裂变式传播，是打造视觉磁场不可或缺的部分。

现在用户对于文字内容的专注力在集体下降，视频或短视频成为人们获得信息的新媒介。在视频急速发展的背景下，在各大平台构建视频传播矩阵成为品牌主不得不采取的传播手段。只有构建视频内容分发矩阵，才能打造视觉强磁效应。需要注意的是，我们在选择内容分发渠道时，不要单凭阅读量来定义渠道的优先级，而是需要用复合维度进行评判。我们可以先把视频内容发布平台依次罗列出来，由于每个视频平台的调性和用户群有所区别，因此应该根据视频内容的类别、调性，选择合适的视频平台，进行有轻重缓急的矩阵布局。

笔者总结了一些常见的视频内容分发平台，供大家参考（见表5–1）。

表 5–1　视频内容分发平台

社交平台	资讯知识平台	短视频平台	视频网站
新浪微博	今日头条自媒体	抖音、快手	爱奇艺
QQ空间	知乎自媒体	微视、微信视频号	腾讯视频
微信	豆瓣	知乎、西瓜视频	优酷视频

情感是视频内容的重要主题，永远也不会过时，亦不可缺席。除此之外，从营销角度出发，具有内容价值的逗趣、干货类视频同样吸引消费者的关注。

例如，知乎属于知识性内容平台，聚集了一批在某一领域有知识深度的专家和技术人员，因此知乎上的视频内容往往具有很强的知识性。如果你通过知乎持续地输出专业的视频内容，那么可以帮助你塑造在某一领域的专家形象，你还有可能收到企业的私信，获得合作的机会。有一部分企业就是通过知乎了解到笔者，并邀请笔者去给企业讲品牌营销课或做品牌营销策划。

视觉内容是最直观的品牌表达，打造视觉磁场是未来品牌打造的趋势。持续的视觉内容输出，不仅为品牌带来持续曝光，提升品牌知名度，还对消费者建立品牌认知起到事半功倍的作用。笔者建议品牌主务必注重视觉磁场建设，不仅要追求质量，还要追求数量，要持之以恒地做好视觉内容的生产和分发。或许未来的某一天，你的品牌因为一条有趣的视频而爆红。

要点六 品牌声浪

6.1 品牌传播“轻骑兵”：品牌声浪

在信息爆炸的互联网时代，品牌传播语境正在发生改变，你在向消费者传递品牌信息的同时，也在与消费者进行沟通。

在讨论品牌声浪之前，先来厘清品牌声浪与品牌塑造之间的关系。我们都知道品牌需要打广告，那么品牌为什么还需要品牌声浪呢?

一方面，现在几乎有触点和内容的地方都会有广告，消费者对广告已经产生了免疫力。当然，这不包括那些有价值或者刚好戳中消费者痛点，同时迎合了当下市场需求的好广告，而它们真正影响了消费者的心智和行为。另一方面，即便精准地投放给“对的人”，大部分人也会由于厌倦广告的心理而直接关闭广告。

在碎片化的互联网数字营销时代，消费者的注意力被切割分散，如何将消费者从“信息屏障”中吸引出来变得至关重要。我们可以通过“传统媒体、新媒体、自媒体”的跨媒体沟通来制造品牌声浪，打开消费者心中的开关，自然主动地吸引消费者的关注，形成让消费者主动行动的态势，使企业和消费者或品牌和消费者之间构筑起更紧密的关系。

品牌声浪还有一个支撑点，那就是消费者的“自传播”。笔者发现一个现象，即消费者和媒体每天都在主动搜索、分享、热议、制造有意思的、有价值的内容，这就是自传播，“创新而有趣的内容”会产生自传播。品牌声浪通过有趣的话题传播，因为人们天生喜欢讨论话题，消费者对话题不设防，制造消费者感兴趣的话题，将其传达给目标人群，就可以引发消费者讨论的兴趣与自传播，增加消费者与品牌的黏性，无形之中建立消费者对品牌的好感。

品牌声浪是品牌传播的“轻骑兵”，品牌需要这个“轻骑兵”来逐步打开市场，建立品牌话语权，进而占据品牌认知的制高点。

6.2 利用公众情绪制造品牌声浪

你可能已经听说过“引爆点”的概念：在许多难以理解的品牌流行潮的背后，我们能发现关键的因素，即它们之所以流行起来，是因为品牌主点燃了某些能引爆大众情绪的“雷管”。

引导公众情绪，可以让品牌始终得到大多数人的支持，而且始终保持正确。许多营销高手都非常擅长抓住公众的内心需求，将它们汇聚在一起，成功地制造品牌声浪，开拓出巨大的市场。

“流行”是怎么发生的呢？通常有三种人在这个过程中起着重要的作用。

（1）联系人。他们喜欢寻找朋友，并且认识了很多人，随时与自己的关系网保持联系。这种人具备这样一种优势：他们可以把信息快速地散布出去。他们人脉丰富，众人对他们传播的信息经常深信不疑，这就带来了信息的大面积和迅速传播。这些人有记者，有自媒体人，也有关注品牌信息的热心人士。

（2）专业人士。各个领域的专业人士能够不厌其烦地把相关的知识拿出来与朋友分享，还具有很好的说服能力。当他们对某一品牌很狂热时，就能发掘一些很有价值的信息，并让公众相信这是真实的。比如，一些专业人士对于某件商品的推荐会产生广告效应，公众常在他们的推荐下购买这件商品。

（3）产品营销从业者。推销员似乎什么人都能够说服，他们有特殊的能力让人们在短暂的时间就交付信任。这种人能够把内行发现的东西以通俗易懂的语言告诉人们，然后促成购买。他们活动在第一线，直接促使交易的产生。

由此可见，信息传递环境具有巨大威力，与其说服某些个别的人，不如改变和利用他们所处的环境。因为任何流行趋势都需要一个发展的温床，它们不是无中生有，而是通过有计划的酝酿，在条件合适时才突然爆发的。聪明的品牌主懂得抓住这些稍纵即逝的时机，或者知道如何推动这种环境的形成。

当一个带有某种倾向的声浪环境形成的时候，个人的因素就不重要了——个别的反对者和“清醒”的旁观者很难在此时改变公众的喜好，影响这种趋势。

这便是大众的特点，他们往往具有盲从性，不加以深入思考，一旦被引导上路，产生惯性，他们的情绪就能很轻易地被引爆，产生强大的效果。在大众的世界，只要一件物品或一个观念拥有适当的条件，就可以形成一个风潮。那么，如果你掌握了这个规律，就可以引导一个趋势，为你所用。

公众的情绪具有无比强大的力量，擅长制造品牌声浪的人都是高明的“情绪推手”，他们无比深刻地了解公众的情绪是怎么回事，能够聪明而冷静地利用它。

在现实世界中，围绕在我们身边的一些媒体平台往往具有脱离客观和总是往某个倾向滑落的特点。一些媒体的声音时常在两极之间摇摆不定，它似乎并不想告诉你真实的信息，而公众恰好又喜欢极端的信息，他们不断地被感动和激怒。

可以说，一旦公众的情绪被引导，就会形成巨大的声浪：流行的趋势或对于某一意见的强力表达。品牌主或职业的营销策划师应当是这种声浪的制造者。

在利用公众情绪层面，有两个值得注意的点，即社会注意力峰值和 e 口碑。

1. 社会注意力峰值

古人云："虽有智慧，不如乘势；虽有镃基，不如待时。"这句话出自《孟子·公孙丑上》，强调抓住时机的重要性。利用公众情绪需要抓住时机，这个时机就是社会注意力峰值。

社会注意力峰值，是指群体用户对同一事物形成的关注的最高点。社会注意力峰值可以通过百度、微博、抖音等渠道查询。对于品牌声浪制造而言，最大限度地利用社会注意力峰值是关键点。

那么，什么样的活动具有超高的社会注意力峰值？毫无疑问，越大型的活动，其社会注意力峰值越高，最好是世界级的活动，如世界杯、奥运会、世锦赛等就具有超高的社会注意力峰值。国内的两会、国庆、建党 100 周年等也都具有超高的社会注意力峰值。如果能与这些社会注意力峰值关联起来，正确激发公众情绪，就可以起到事半功倍的效果。

例如，2016 年 G20 杭州峰会是 20 国领导人出席的活动，自然会大范围地引起民众的注意。作为本次活动核心安保的专网通信供应商，海能达通信股份有限公司通过借势 G20 杭州峰会这一世界性的活动，将海能达的影响力予以扩大。

2. e 口碑

打造 e 口碑是互联网时代重要的品牌塑造途径，社会化媒体已成为 e 口碑塑造的主要平台。社会化品牌塑造要引起 e 口碑，需要借第三方之力，这样才会让人信任。这个第三方之力可以是记者、编辑之力，也可以是消费者之力。

如今，抖音、微博、微信、小红书、知乎、淘宝等渠道曝光的方式越来越多，品牌“种草”（“种草”指宣传某种商品的优异品质以吸引消费者购买）成为电商营销的重要方式，消费者已然成为品牌 e 口碑塑造的生力军。笔者建议品牌大举借助消费者之力来建立 e 口碑。

在自媒介发达的今天，人人都是自媒介，人人都是信息的创建者与传播者，消费者就是公众情绪的缔造者。要想让你的品牌话题传播，快速引起正向的公众情绪，需要发动消费者为你的品牌“说好话”。

消费者在消费过程中通常扮演着四个不同的角色。

一是受众。消费者是品牌信息的接受者。

二是购买者。消费者对品牌信息进行反应后，做出了购买决策，选购了品牌的产品。

三是体验者。体验者或者说使用者可以是购买者，也可以不是购买者，如脑白金的购买者是年轻人，体验者是老年人。

四是传播者。受众、购买者和体验者都可以成为品牌 UGC（用户原创内容）的传播者，最为常见的两类UGC传播者是KOL和KOC。

在互联网时代，数字化媒体崛起，媒体内容碎片化、多样化、速更化，消费者掌握媒体的主动权。每个消费者既是品牌的体验者，又可以成为传播者，而KOL、KOC等成为口碑传播的主力军。

KOL（Key Opinion Leader，关键意见领袖）是营销学上的概念，通常被定义为拥有更多、更准确的产品信息，且为相关群体所接受或信任，并对该群体的购买行为有较大影响力的人。在某些领域具有权威性和影响力的KOL，一直是品牌口碑传播的主角。如今，KOL不只是某领域的意见领袖，还可以是各类网红博主甚至明星达人，即所有能在某一方面对人产生巨大影响的人都可以是KOL。KOL除了能够参与品牌话题的传播外，还能提升品牌的整体形象。

KOC（Key Opinion Consumer，关键意见消费者）一般指能影响自己的朋友、粉丝产生消费行为的消费者。相比KOL，KOC的粉丝更少，影响力更小，但优势是更垂直、更便宜。KOC传播是指通过“具体的关键消费者分享来影响消费者”，本质上是以“内容和场景”为中心。KOC因为具有购买或使用某一品牌产品的经验，所以KOC的优势在于能够站在消费者的立场上去影响消费者，其传播离消费者更近，更具有口碑说服力。通常，KOC传播不会使用赤裸裸的硬广告，以免造成用户的厌烦情绪，而往往要搭建一个人设，用更具感染力的话题引起用户的共情，进而驱动形成购买力。

品牌利用公众情绪制造话题不仅仅是为了品牌声浪的传播，而且要建立消费者对品牌的良好偏好，塑造品牌价值，并使其做出购买决策。随着用户接触的媒介越来越多，品牌要利用更多的资源、更大的力量，让话题产生“1+1>2”的影响力，这样的借力才有意义。

6.3 品牌声浪的传播定位

6.3.1 话题“点”：输出什么核心内容

要思考品牌声浪的内容点是什么，拟定哪个核心词汇来展开声浪攻势，并将其打造为流行词，成为大家关注和讨论的热点词汇。

同时，要让消费者参与到声浪内容的创作中，让消费者成为品牌声浪的“自媒体”。要像磁铁一样牢牢地抓住消费者的注意力，就要不断地抛出话题，塑造与消费者相关的话题语境。

6.3.2 人群“线”：话题让哪些人参与进来，影响多少人

新时代的消费者等于“UGC + PGC + KOL + KOC + 自媒体”，人群的传播定位首先要考虑的是，让哪些 UGC、PGC、KOL、KOC 参与进来，以影响更多的消费者。其次，考虑话题要覆盖哪些区域，是单一地区、多个地区，还是全国，以及话题希望影响哪些人群、影响多少人。

6.3.3 媒体“面”：选择哪些媒体发声

影响消费者想象力、参与感的，不仅仅是话题本身，还有它们产生和引起消费者注意的方式。

有了传播的内容定位和传播的目标人群定位，就可以规划传播的媒体定位。应根据总预算来规划在哪些媒体平台发声，由哪些媒体平台形成品牌声浪的传播矩阵，是传统媒体为主，还是新媒体为主，从哪个媒体首发，在哪个媒体上爆破等。

6.4 品牌声浪的三个阶段

品牌声浪有三个阶段——预热、高潮、余温（见图 6-1）。

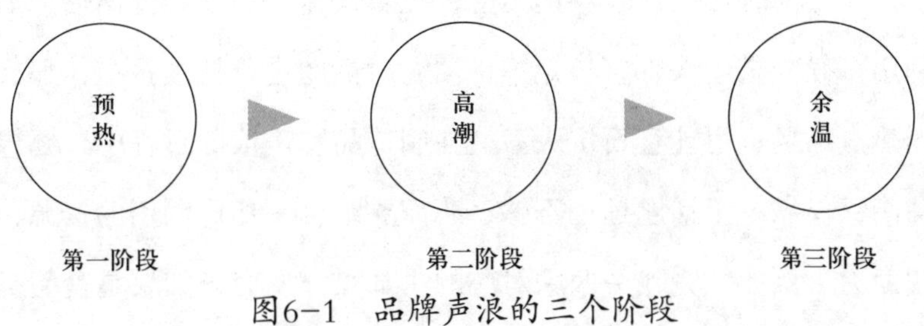

图6-1 品牌声浪的三个阶段

6.4.1 第一阶段：预热

预热，原为化学领域中的一个词，是指为了防止急热而预先加热到指定的温度，现在也有“为某件事提前做准备”的意思。就品牌声浪制造而言，预热指营销活动正式开展前的传播造势，通过话题让品牌预先达到一定的热度。

要想掀起品牌声浪，要先有一个具有传播性、能够引起用户兴趣的话题。但问题是，在信息碎片化的今天，无论是什么形式的话题，要想实现全民参与，并没有那么容易。当确定了好的主题和购买理由后，就要在预热阶段不断进行话题价值观的输出与发酵。换句话说，你得先刷存在感，让一定的受众参与其中，这样的预热才有意义，你的话题才有进一步传播的可能。

要真正把一个话题的前期预热做好，就必须清楚适合话题的发声渠道有哪些。了解这些渠道后，才能对该话题在传播上的广度和力度做出预判。例如，如果利用线上渠道与线下渠道相结合的方式，那么线上渠道又可以分为免费渠道与付费渠道，甚至还可以继续细分为搜索渠道、社交媒体渠道等，线下渠道也可以细分为门店广告、户外广告等。

6.4.2 第二阶段：高潮

在互联网时代，话题层出不穷，更新快速。当话题抛出后，如果不利用多媒介搭建头部宣传矩阵，同时对话题进行持续报道，那么再好的热点话题也可能会石沉大海。在制造品牌声浪的过程中，要想掀起高潮，仅靠一个话题远远不够，还需要结合一切可利用的资源，为话题助力。例如，先找一两家对应的头部媒介发力，如果是食品类的商业活动，就可以找本地的吃喝玩乐大 V，若是医疗行业的活动就找垂直媒介。当然，根据话题的实际情况，也可以实现电视媒介、报纸媒介、网络媒介等全面覆盖。

在现实中，当话题有了被关注的噱头，掀起第一次高潮后，很多品牌方往往就止步于此。其实，在此期间如能对话题进行延伸，就会在一定程度上避免后期推广疲软以及造成资源浪费。如果说掀起第一轮高潮是为了吸引消费者的目光，那么，适时掀起第二轮高潮则是为了留住消费者的目光。例如，通过制造反差话题，继续为消费者创造惊喜，也就是打破人们原有的期待模式。我们可以在策划话题时，时刻保持让话题有新闻故事可挖掘、可报道，再利用之前第一轮高潮的关注度，通过对话题的延伸继续掀起更大的高潮。品牌声浪的真正效果在这个时候才能完整地呈现出来。

6.4.3 第三阶段：余温

制造品牌声浪是一项有节奏的工作。当一个话题被抛出，即便当时宣传力度很大，过了一段时间之后，也还是容易被其他更有爆点的话题取代而逐渐淡出公众视野。所以，一个好的话题应该在很长一段时间里留有余温，这就需要我们对后续话题进行跟进。此时如果再推出后续话题，不仅可以借助话题的余温再刷一次存在感，也能达到“善始善终”的效果，提升品牌的口碑与形象。

事实上，制造品牌声浪就像讲故事一样要有始有终，一个自带爆点的话题还会产生很多新的相关话题。但是要注意话题的连贯性，在主题统一的前提下，使几个甚至十几个相关的话题承前启后、环环相扣，从而吸引消费者的目光，形成一轮接一轮的冲击。在各方条件允许的前提下，最好是以某个阶段为单位来制造话题，形成话题之间的联动效应，并形成统一的风格，这样才能最大限度地保障品牌声浪的效果。

案例分析

下面笔者以某医疗品牌为例，与大家分享在实践中品牌如何制造品牌声浪。

某医疗品牌推出了中国首个三代试管 PGS[①] 产品，该产品具有显著的临床意义与价值——妊娠率提高至 72%，流产率降低至 6.9%。根据目前的发展状况，该品牌主要面临以下三个方面的挑战。

第一，三代试管 PGS 产品有行业局限。

第二，三代试管 PGS 产品面向特定群体。

第三，如何使技术性产品引起大家的关注。

面对上述挑战，笔者的建议是从以下三个方面来各个击破。

第一，确保话题的创意性，让产品信息通俗易懂、易传播。

第二，精选意见领袖，让三代试管 PGS 产品在群体中流行。

第三，匹配社会化媒介，实现多维度大众传播。

在执行过程中，分为以下三个步骤。

① PGS 是英文 Preimplantation Genetic Screening 的简称，即植入前遗传学筛查。

第一步：预热——铺垫流行词

通过上文的阐述我们了解到，预热可以通过话题传达品牌直接的利益点，让爆点被提前挖掘，让品牌自然成为消费者传播的话题。

但现实中预热的难点在于不只是告知消费者，还要在话题中加入有噱头的元素，以勾起消费者对品牌的兴趣，增加参与互动的热情。从心理学的角度来说，这个过程也是在利用受众对话题的认同感等心理，实现品牌的二次分享与传播，为品牌带来爆炸性的曝光。

那么，该医疗品牌是如何对三代试管 PGS 产品进行预热的呢？

首先，深入了解我国高龄生育人群现状及相关政策。国家卫生部门统计数据显示，在我国，女性的生育年龄逐渐推后，高龄产妇占我国孕产妇总数的比重呈上升趋势。另外，受气候、环境、生存压力等各种因素的影响，不孕不育者在增多。随着全面二孩政策、健康中国战略的施行，无论是我国生育人群现状还是大环境，都显示出对三代试管 PGS 产品的利好。

其次，借势上述政策，并打造一个流行词——“三代 PGS”。紧接着，便是为大众普及知识，揭示什么是“三代 PGS”，吸引粉丝主动贴标签，并提供精彩的 UGC（用户原创内容）。

那么，三代试管 PGS 产品有哪些特点呢？“三代 PGS”是中国首个试管 PGS 产品，可以说是试管生育人群的福音——“三代 PGS，优生优育 PGS”。另外，消费者普遍关心的问题是：“三代 PGS”能提高多少妊娠率？此处给出了具体可靠的数据，如妊娠率提高至 72%，流产率降低至 6.9%，以赢得消费者的信任。

最后，创造出流行词后还要让更多的人知道，这才算是真正的流行。该品牌通过知识类（知乎大号）、问答类（百度、知乎、悟空、爱问等)、话题类(贴吧)媒介，进一步开展互动营销。

第二步：高潮——塑造流行语

话题的高潮期通常是大事件、活动引爆的关键时期。如果是一场发布会，则发布会当天最重要，前一周、前一天都是集中火力，需要把各种资源聚集起来，引爆话题。

把话题推向高潮的方式有很多。该医疗品牌具体是如何做的呢?

首先，聚焦于目标消费者，进而影响更广泛的消费人群，使品牌自然而然地发展壮大。品牌势能是品牌的一种运动形态，虽然对于可遇而不可求的重大事件难以借势，但通过品牌的目标顾客创造势能，可以帮助品牌形成真正的消费热潮。一切事情都是如此，只有顺势才可能有战势。

其次，当话题有了势头，就离高潮阶段不远了。如果说流行词的建立让消费者对三代试管 PGS 产品有了基础的认知与了解，那么流行语的塑造则是进一步向大众科普三代试管 PGS 产品对优生优育人群的利好。

于是，该医疗品牌为三代试管 PGS 产品创造了一句流行语——“三代 PGS，实在是高”。同时，以短帖、长帖、病毒式视频、漫画等方式实现社会化营销的裂变传播。另外，由“高”延伸出以下两个话题。

- # 首个试管 PGS 产品上市，妊高一筹 #
- # 妊娠率提高至 72%，流产率降低至 6.9%#

这一阶段，该品牌通过新闻类、话题类媒介进行传播。例如，微博大 V、微信大 V 直发，妈妈帮、宝宝树等社会媒介发布头条，网易等 App 跟进宣传，覆盖网络，构筑数字营销阵地。

第三步：余温——成为关注话题

有了前两步的基础，消费者对三代试管 PGS 产品已经有了相对较深的印象。但要想在热搜期间成为业内关注的话题，还要在余温阶段强化大众对“三代 PGS，实在是高”的认知，提升转化率，留住更多客户。为此，该品牌继续创作了以下话题。

- # 三代 PGS，实在是高 #
- # 国产三代 PGS，优生优育的 PGS#
- # 首个国产三代 PGS，试管优生优育的福音 #

同时，由权威媒介首发，获得公信力。例如，光明日报、人民日报客户端宣传，头条、网易等媒介全程报道，构筑数字营销传播阵地。

通过上述分阶段、有规划的传播，大众建立了对三代试管 PGS 产品的认知——三代试管 PGS 产品使妊娠率提高至 72%，流产率降低至 6.9%，是试管生育群体的福音，也是试管优生优育的极佳选择。

如此一来，后期就可以更有针对性地扩大三代试管 PGS 产品的影响力，真正引爆话题。

第一，对中国首个三代试管 PGS 产品上市进行宣传。宣传某医疗品牌推出了中国首个有证的三代试管 PGS 产品，在宣传产品的同时提高知名度。

第二，针对目标群体对三代试管 PGS 产品进行科普。在目标群体中，建立“三代试管 PGS，提高妊娠率，降低流产率”的心智认知，推动消费者在医院端优先选择三代试管 PGS 产品。

第三，通过整合营销传播使三代试管 PGS 产品吸引部分人群的关注。通过整合社会化营销、知识营销等，深入各舆论阵地，使三代试管 PGS 产品受到目标群体的关注。

恰到好处的品牌传播，可以把平静的“声音”变成“声浪”，把消费者变成传播者。通过品牌声浪引导，可以使消费者、行业及大众有效达成各自的价值认知，为品牌在之后开展二次传播提供素材。

要点七　品牌原力创意

7.1　原力觉醒：没有原力就没有创意

先来看一个大家耳熟能详的广告：画面中一对老年人在尽情地跳舞（见图 7–1），接着蹦出了洗脑神句——“今年过节不收礼，收礼只收脑白金”，最后是脑白金的包装呈现在画面中。

图7–1　脑白金广告形象

这个被人们认为俗不可耐的洗脑广告，不仅持续多年霸占电视屏幕，而且助力脑白金产品持久旺销，其背后究竟是什么营销逻辑、广告原理或者创意密码呢？

笔者在多年营销实践的基础上通过深入分析发现，脑白金广告蕴藏着三个创意密码。

1. 第一个创意密码是广告击中了顾客的消费动机

广告语中涉及的“送礼”击中了中国消费者的购买动机。“送礼”是中国营销研究中的一个重要主题。中国是礼仪之邦，“礼尚往来”“来而不往非礼也”是中国人的传统观念。中国人送礼时对面子极其看重，有时礼品就是面子，礼品的包装、文化寓意代表不同的消费档次，礼品的轻重就是面子的大小，特别是过年，礼品更加讲究。

对于中国人而言，既然礼品如此重要，过年了怎么能不送礼？脑白金击中的消费动机就是过年送礼。

2. 第二个创意密码是广告唤醒了春节文化

文化是什么？言简意赅地说，文化是一种变成了习惯的生活方式和精神价值，最后的结果是形成了一群人的集体意识。文化包括文字、图像、图腾、声音、色彩以及节日仪式等。

中国最富有仪式感的文化什么？当然是过年，中国人过年就是团圆，就是合家欢，就是举国同庆，而送礼成为过年团圆的最大仪式，礼品就是最重要的道具。礼品是特殊的信号，拿着礼品走亲访友，是传承了上千年的传统，当你在大街上看到大家拎着大大小小的礼品袋时，你立马就能感受到浓厚的节日氛围。

人类只是在主体文化中重复着千百年来集体潜意识的行为。对于中国人而言，春节根植在人们的主体文化之中，是最值得庆贺的节日。当春节来临之际，游子归心似箭，无论身处何方，都要回家团圆。

脑白金广告中两位跳舞的老人代表产品的使用者，也成为品牌的视觉符号，加上一句“今年过节”，勾起了多少人的归乡团聚心绪。这就是文化的力量。

另外，“今年过节不收礼，收礼只收脑白金”这句广告语具有下达指令的功能，从而促使消费者做出购买决策。

3. 第三个创意密码是广告激活了购买诱因

的确，不论在农村还是城市，送礼消费都创造出了巨大的市场。

那么问题来了，为什么脑白金多年来在平时很少打广告，但在过年期间广告量剧增？

由于定位为礼品的产品并非必需品，因此有必要给消费者设定一个选购该产品的时机，或者说诱因。可以说，对于礼品的销售，不仅要顺应时机，还要创造时机，而脑白金的销售时机就是过年期间。

为了激发目标人群的购买欲望，脑白金在最佳时机发动了大规模宣传。因此，脑白金广告在过年期间（“近因律”）密集轰炸（“频因律”），制造了年年过节送礼都需要脑白金这个道具的印象，让消费者在潜意识中不断学习，形成“送礼送脑白金”的条件反射，而这一系列动作就是嫁接诱因原力，最大化地刺激消费者的购买欲。

品牌寄生在人类文化主体意识中，做品牌创意自然离不开对人性的研究。一个不争的事实是，不管时代如何变迁，千百年来人性不会变。人性不变，则品牌创意的本质就不会变。品牌创意的原点藏于人类大脑的集体潜意识里，做品牌创意最为重要的是找到品牌创意的开关——品牌原力。

其实，脑白金品牌的成功也是其广告创意嫁接品牌原力（动机原力、文化原力、诱因原力）的成功。

品牌原力始于自动式思维系统的无意识思维。如果说品牌是驱动人类采取行为乃至推动整个社会体系运转的一种力量，那么人类的无意识思维，或者更进一步说，人们的集体潜意识就是驱动品牌形成和发展的无形力量。

一句话，品牌原力调动人们的集体潜意识。

我们复杂的有意识的思维系统能够学习新任务，而自动式无意识的思维系统则会执行内在的、习惯性的或那些经过持续重复后已经极为熟练的已知任务，并形成集体潜意识。

在心理学发展历史上，弗洛伊德是研究潜意识最知名的人物，虽然他不是最先创造这个概念的人（此前莱布尼兹等人提出过类似的概念），但他是理论与临床方面研究潜意识的大师。如今，潜意识这个概念在现代心理学中占据重要位置。

集体潜意识就是“并非由个人获得而是由遗传所保留下来的普遍性精神机能，即由遗传的脑结构所产生的内容”。潜意识是意识的一种状态，指人们在不知不觉中意识到一些事物，或者在长期的行为活动中对原来已经处于意识中的事物逐渐习惯化，不是处于清楚的意识中。总结来说，潜意识影响我们的决策行为，尤其是购买行为。

例如，你每天经过一个餐馆不一定会留心餐馆的招牌，但是如果别人描述餐馆招牌的样子，你的头脑中模模糊糊地会有那么一个印象，好像在哪里见过，但又确实说不明白，这种印象其实就是潜意识状态的表现。

那么，品牌原力是如何发生作用的？为什么是调动人们的潜意识，而不是意识？

《潜意识心理学》一书的“冰山理论”这样解释：“潜意识就是水

下面的部分，意识就是水上面的部分。潜意识里面蕴藏着我们百分之九十九的精神活动，也就是说，我们的绝大部分感受和行为是受潜意识驱使的。”

创意嫁接原力要做的就是调动大家的潜意识，用创意将潜意识意识化。当意识这座冰山露出水面的越多，你自己能真正做主的也就越多，这样你的选择性纠结就会变少，原力创意就是解决这个问题。

品牌原力作用于消费者的大脑。人们大脑里装的并不是完整事物的图像，而是基于已有知识概念化了的假设，并形成习惯思维、定势思维。

7.2 动机原力：来自消费者的心理需求

7.2.1 嫁接动机原力，创建购买理由

1. 嫁接“理性动机原力”，创建购买理由

探究消费者心智可以发现，产品的核心利益与功能是该品牌的第一层购买理由。正是由于消费者对核心价值的关注与追求，从而产生一个新品种——新“物种”、新“体验”。

基于品种价值嫁接“理性动机原力”的购买理由，其核心是要塑造品牌的“专业”形象。

品种价值主要由左脑认知。左脑的理性思维为消费者带来更多的逻辑分析，如计算、推理、思辨，从而使消费者在购买过程中掌握商品的功能、价格、性价比。要使在左脑传播区域的购买理由脱颖而出，你必须正面且自信地给出一个“为什么”购买你的产品的合理逻辑解释。具体来说，购买理由要达到以下三点要求。

（1）凭：凭什么。你得给消费者一个功能性的购买理由，说明与同类产品相比的优势，列出一、二、三来，说服消费者。

（2）专：够专一。为了体现专业，你最好成为某个领域的专家，长期聚焦于该购买理由，并形成专一、专业的聚焦营销传播战略。

（3）独：独家所有。竞争者的产品并未拥有这一功能，你的产品具有人无我有的独特秘方、独特功能等。

真功夫“营养还是蒸的好”的购买理由，就嫁接了“理性动机原力”，使真功夫与洋快餐形成了差异，成为营养中式快餐的代名词。

对于嫁接“理性动机原力”的购买理由，一般人都会接受明确的说明，认真地对待实际的数字，因此你所谈到的事实要有分量和实际效力。无论是对于创意设计还是对于人员直销，论点的力度常常会因为具体的陈述而得到强化。如果说你的手机比另外一种手机更适合拍照，别人可能还会有些怀疑，但是如果你用数字来说明（如像素是某某手机的5倍），人们就会觉得你做过测试和认真的比较。

2. 嫁接“感性动机原力”，创建购买理由

情感造就情感价值，精神上的认识远比实际内容来得清晰有力，情感价值往往高于实际价值，这一结论在品牌营销中被广泛运用。将某一感觉附加到你的品牌上，就构建了品牌被消费者认知的“高速路”。

基于情感价值嫁接“感性动机原力”的购买理由，其核心是要塑造品牌的“唯一”形象。

情感价值主要由右脑认知。右脑的感性思维善于调和情绪，为消费者带来更多的欲望，从而使消费者在购买过程中掌握商品的艺术价值、情感价值等。要使在右脑传播区域的购买理由脱颖而出，你必须持久且

自信地传播“我代表什么”。具体来说，购买理由要达到以下三点要求。

（1）准：够精准。品牌越来越成为一对一的沟通方式，大众品牌的传播需要找到更小的入口。应将你的市场切割为小众市场，这样你的品牌更容易找到共鸣点，从而更精准。

（2）情：有情感。情感带来认知，认知引发行动。做品牌就是使产品与消费者“谈恋爱”，你赋予产品什么样的情感，消费者就会对你的品牌有什么样的认知。

（3）特：有特点。有特点的产品会给消费者带来不一样的体验。在互联网时代，打造有特点的产品成为品牌营销的新起点。

品牌是一种文化圈层现象，你必须让顾客认识到你有所代表。对于有些产品而言，情感可以成为其代表。品牌的感性特征是商品的重要个性，就像每个人虽然是各种性格的混合体，但是有一种性格与众不同，从而使人们形成强烈的认知。例如，爱因斯坦的“智慧”、梦露的“性感”、赫本的“优雅”、卓别林的“幽默”，正是他们最鲜明的特征。

当某种商品能够满足你的某些心理需要或充分表现你的自我形象时，它在你心目中的价值可能远远超出商品本身。

7.2.2 构建购买理由的金字塔

众所周知，人类的思维包括理性推导和感性情绪两部分。笔者认为，创建购买理由时要兼顾理性层面与感性层面，不能局限在某一个方面，要既讲究左脑的科学，又考虑右脑的艺术，即既要依靠严谨的调查研究，而不是个人的主观意见，又要遵循大脑思考的特点，在天马行空的想象里寻求创意。

从传播角度来看，品牌之争就是话语权之争，其实质是词汇之争，所创建的购买理由需要有直指人心的、强有力的词汇，即要“打造独特而深刻的购买词汇”。大脑记忆具有空间的有限性和时间的有限性，同时也具有排他性。当某品牌的词汇占据了消费者的大脑，该品牌就成为消费者的首选，并形成品牌壁垒。

因此，购买理由储存于人们的大脑记忆中，是一个个鲜活、明晰而独特的核心词汇概念。它赋予品牌价值，成为有说服力的购买因素。它是一把刻刀，将品牌印记刻入消费者的大脑。

那么购买理由到底是简单些好，还是丰富些好？笔者认为，购买理由不能过于简单，而要更立体，这样才有说服力。在创建购买理由时，不仅要给出核心购买理由、次级购买理由，还要给出支撑购买理由，让消费者清清楚楚、明明白白。围绕购买理由定位，我们可以构建出包括核心购买理由、次级购买理由和支撑购买理由的购买理由金字塔，如图7–2所示。

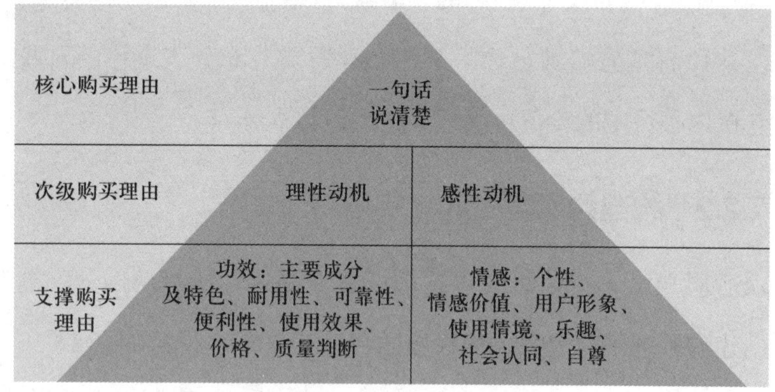

图7–2　购买理由金字塔

通常，一条购买理由能否获得回报，就在于它是否能引起想要吸引的那部分消费者的注意。对于同一个营销传播信息，如果你选用了不同的购买理由，其回馈会有巨大的差异，甚至只在购买理由上做个修改就会使回报增加好几倍。所以你要不断地比较购买理由，直到你确信该购买理由可以得到最好的结果。

7.2.3　官山红——红脚艾才是真正好艾

1. 第一步：嫁接动机原力，找准购买理由定位

艾具有养生功效，艾的养生文化源远流长。艾的种类很多，市场上有陈艾、蕲艾、野生艾等，市场竞争激烈，产品同质化严重。

与同类品牌不同的是，暨晴集团旗下品牌官山红使用的是原生态培育的珍贵野生原种红脚艾，其也被称为神艾、鲍姑艾。

从市场调查来看，各大知名电商平台尚未有红脚艾的相关产品与品牌，可以说红脚艾属于艾市场的一个新品种。一个新品种往往会带来一个新蓝海市场，可口可乐如此，东鹏特饮如此，王老吉凉茶也如此。

随着近些年艾品牌的发展，消费者对艾的认知和需求逐渐提升，但很多消费者并不清楚如何分辨艾的品种，不知道什么样的艾才是好艾。消费者需要一个辨别好艾的标准，那么，这就给了官山红品牌成长的机会。既然消费者不知道什么艾好，不知道如何选择，那么官山红就告诉他们什么样的艾是好艾，给他们一个好艾的标准。

因此，官山红的购买理由定位为：罗浮山原种红脚艾这个品种才是真正的好艾，官山红就是红脚艾的代表。

2. 第二步：嫁接动机原力，创建购买理由

根据创建购买理由的要求，我们来看看官山红品牌有哪些差异化价值。

（1）凭什么。官山红的原种红脚艾是罗浮山特有的艾品种，其独具“红脚”特色。该品种具有极高的药用价值、养生价值，非普通艾所能

及，与市场上的艾品种形成强烈、直观的区隔。

（2）够专一。官山红及集团公司都专注于艾产品的研发与生产，传承千年艾养生文化。血统纯正的原种红脚艾是真正的好艾，官山红是运用现代工艺提炼原种红脚艾的开创者。

（3）独家所有。东晋道教理论家、医药学家葛洪与鲍姑曾用红脚艾施灸治病，并且葛洪将其记录在《肘后备急方》中。红脚艾作为道家养生文化的载体，具有历史文化属性。之前，暨晴集团举办了主题为“中国罗浮山，世界红脚艾”的学术发布会。

因此，“红脚艾才是真正好艾”是核心购买理由，成为官山红品牌营销战略的突破点和制高点。

通过嫁接动机原力，我们可以构建出官山红品牌的购买理由金字塔，如图 7–3 所示。

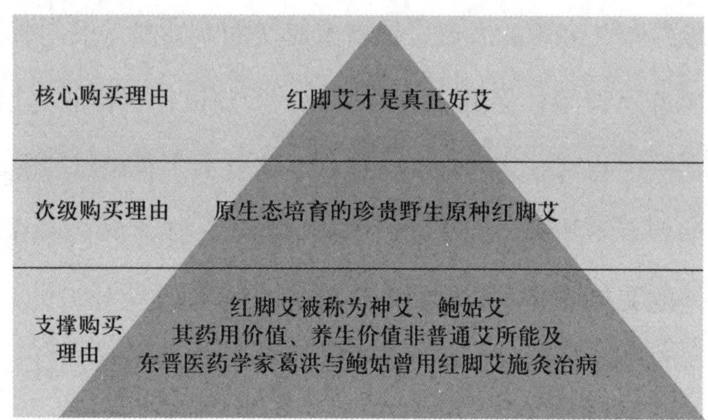

图7–3　官山红购买理由金字塔

对营销传播来讲，所有的工作都应围绕一件事，那就是为购买提供充足的理由。这个理由你想得是否清楚，就决定了你说得是否明白。购买理由不是知识，不要给消费者灌输知识。购买理由要以消费者动机原力和产品的功能为基础，只有把自身的购买理由解释到位了，才能与竞争对手的品牌进行有效的区隔。

官山红围绕“原种红脚”这一品牌核心，打造了“红脚的，艾才好”的超级购买理由（见图 7–4）。超级购买理由是什么？是一句说动消费者购买的话。这句话既不需要说清，也不需要说服，只需要说动。

图7–4　官山红广告

7.3　文化原力：来自消费者集体潜意识的原始意象

文化原力包括传统文化原力与新一代文化原力两种。

传统文化的内容丰富多彩。例如，孙悟空、猪八戒、关公、诸葛亮、宋江等形象是传统文化；大闹天宫、嫦娥奔月、草船借箭、八仙过海等故事是传统文化；“五福临门，大吉大利”等俗语、套话是传统文化；春节、元宵节、端午节、中秋节等节日也是传统文化。

而在文化全球化的今天，世界各地的文化互相交融，求同存异，个性文化融入了我们的生活。例如，西方的街舞、情人节、万圣节、圣诞节、西餐、西式婚礼等被引入国内，巧克力、钻戒、红酒、西装等商品也被国人接受。这就是新一代的文化原力。

文化原力来源于人类的原始意识形态，它体现了人类集体的文学想象，又往往表现为一些相当有限而且不断重复的模式或程式。文化原力蕴藏着巨大的能量，为品牌营销打开了一个大口径的“天窗”。

7.3.1 嫁接文化原力，创造购买指令——符号指令

符号打开了人类认知世界的一扇窗，是人类沟通的媒介。为了学会使用符号，我们需要深挖符号背后的逻辑。符号学专家皮尔斯认为符号的表意过程涉及三个核心要素，即符号、对象和解释项，认为符号是一个内部不可分的整体，并一再强调符号过程是一种目的过程，符号、对象和解释项的三元关系是一种心智关系。举个例子，交通信号灯是一个符号，司机是对象，红灯停、绿灯行便是解释项，司机根据看到的交通信号灯而行事，三元关系整合统一、不可分割。

符号的第一个功能：指称识别功能。

符号的第二个功能：信息压缩功能。

符号的第三个功能：行动指令功能。

符号、信息与意义是传播学研究最核心的内容之一。人类很早以前就通过符号间接地、快捷地认知万事万物。例如，古代战争中，烽火狼烟就是一种符号，表示有敌情。符号在品牌营销中的最大作用，就是能帮助品牌在传播过程中减少与消费者沟通的成本。

符号与名称、口号共同形成品牌概念的内容基础，每一个片段都承载并表达着品牌的个性、品味、品质、风格、定位等核心信息。将品牌聚焦到最小计量的符号上，可以起到四两拨千斤的作用。符号的力量是让每个最小的碎片都能被消费者记住。

7.3.2 品牌就是符号，做品牌就是做符号指令

笔者认为，一个伟大的品牌的精神归宿，是成为一个伟大的符号系统。事实上，品牌就是符号，做品牌就是做符号指令。

1. 名字是第一指令

名字是品牌的第一文字符号。

牛代表能量，代表力大无穷，那么红牛作为功能性饮料，它的名字就下达了“补充能量”的指令。

“仙肌冻龄美容仪”这个名字就下达了“这款美容仪能冻住年龄，让肌肤像仙女一样”的指令。

人们通过名字对品牌形成第一认知，人们通常说某某人很有名、某某商品是很大的品牌时，其实说的就是名字。好的品牌名字，本身就具有让顾客一见如故的文化原力。

2. 广告语（广告口号）是第二指令

品牌营销是一场在消费者心中进行心智争夺的传播活动，在这场攻心的活动中，广告口号扮演排头兵的角色，引导营销传播的势能与方向。

《现代汉语词典》中这样定义口号：口号是“供口头呼喊的有纲领性和鼓动作用的简短句子”。一个强大的广告口号能够将所有的力量集中于一个核心购买理由，或者一种情绪。广告创意主题由文字构建而成，广告口号是传播的一种基本工具。

3. 视觉符号是五大感觉符号中的第一符号指令

人有视觉、听觉、嗅觉、味觉、触觉，构成视觉符号指令、听觉符号指令、嗅觉符号指令、味觉符号指令、触觉符号指令。但人的大脑由视觉符号所主导，人们主要通过视觉符号来识别和记忆以及做出购买决策。品牌需要一个强大的品牌符号在消费者大脑里留下印记，发动消费者购买，因此寻找并创造视觉符号尤为重要。

在视觉符号指令中，消费者能否感知品牌的意义取决于图式，图式也可以理解为感知物的信念集合。识别并唤醒这种图式对于营销决策至关重要，因为这决定了消费者用什么标准来评价产品、包装及广告。

例如奥运会的视觉符号，其五个不同颜色的圆环代表了参加现代奥林匹克运动会的五大洲——欧洲、非洲、美洲、亚洲、大洋洲。相互交融的五环，象征五大洲的团结以及全世界的运动员以公正、坦率的比赛和友好的精神在奥林匹克运动会上相见。又如，小龙哥（基于李小龙的形象）是快餐品牌真功夫的化身，“烟斗老头”展现了慕思床垫的专业形象等，这些嫁接文化原力的符号都是很棒的品牌视觉符号。

7.4 诱因原力：来自消费者对事物的条件反射

7.4.1 嫁接诱因原力，保持购买刺激的连续性

研究诱因原力的理论基础是经典条件反射理论、操作性条件反射理论和刺激 - 反应学习理论。

1. 经典条件反射理论

巴甫洛夫著名的“狗听见铃声流口水”的实验，证明了经典条件反射是先天本能和后天环境共同作用的结果。虽然已经过去了一百多年，但该实验仍然让人印象深刻。

2. 操作性条件反射理论

操作性条件反射理论的创始人是心理学家斯金纳。他设计了著名的

"斯金纳箱"，观察到了生物的自主行为和外部刺激之间的关联。

斯金纳的操作性条件反射理论给我们如下启示：消费者通过在自主行为（受到购物奖励）和外部刺激（如营销活动、广告宣传）之间进行"学习"，就会形成购买刺激。如中秋节、天猫"双十一"、某某商城的周年店庆等就是一个重要的购买刺激，这个购买刺激是通过多次"学习"形成的。

3. 刺激－反应学习理论

行为主义心理学之父约翰·华生在巴甫洛夫的经典条件反射理论影响下，研究出了应用在广告上的刺激－反应学习理论。

可以肯定的是，购买刺激是营销的临门一脚，你可以通过营销活动、媒介宣传等方式，传递购买理由，激活购买指令，让消费者不经意地选购你的产品。同时，为了保持购买刺激的连续性，你还要使购买刺激的条件反射持续下去，最好是可以周而复始地循环。

7.4.2　购买刺激的诱因原力：信息、媒介、活动

通过嫁接诱因原力发射信号刺激，开展整合营销，可以不断让消费者产生记忆和重复记忆，培养消费者的惯性需求，促进消费者采取购物行动。

下面笔者来谈谈整合营销到底如何整合。

1."信息整合"嫁接诱因原力，规划购买刺激

营销传播就是发信号，信号越强越有效，第一个信号就是"信息整合"。

信息整合包括两层意思，即信息内容整合和信息来源整合。

信息内容整合是整合营销首先要解决的问题。为了终结营销混乱，

我们要保持营销传播的信息内容的简洁性，即“用一个声音来说话”，意思是你的品牌与消费者沟通时所输出的购买理由在每个传播渠道上要保持一致，让消费者在不同的场合看到相同的购买理由。

在将购买理由转化为购买指令时，要以购买理由为中心，同时保持购买指令表达形式的多元化。这是什么意思呢？举例来说，你在户外广告上的购买指令可能是符号创意，你在微博、微信自媒体上的购买指令可能是戏剧化表达形式，你在外面与消费者分享的可能是故事指令。不同表达形式的购买指令适合不同的媒介，也就是说要因地制宜地选择表达形式。

信息来源整合就是要运用专家、服饰、身份等不同的权威信号，让信息从源头上具有权威和信任度，且专家形象的权威度越高越好。

2.“媒介整合”嫁接诱因原力，规划购买刺激

营销传播就是发信号，信号越强越有效，第二个信号就是“媒介整合”。

品牌的功能是降低营销成本，品牌知名度强调记忆留存度和重复，消费者购物时更喜欢容易想起来的品牌。

品牌资产的积累靠什么？就靠重复。媒介整合就是使各个媒介渠道的“每一次”营销形成“多次”积累，整合付费媒介、自有媒介、赢得媒介，发挥每一类媒介的特点与价值。只有使营销信息与消费者在不同时间、不同地点的“每一次”相遇累积叠加，积少成多，才能不断地形成品牌资产。

要学会利用“重复曝光”效应，就算消费者没有真正留心过你的品牌也没关系，只要他们之前听说过这个名字，就会更容易接受它。你应

该创造一切条件和利用一切机会向目标消费者重复推介你的品牌。

3.“活动整合”嫁接诱因原力，规划购买刺激

营销传播就是发信号，信号越强越有效，第三个信号就是“活动整合”。

活动营销是你的品牌与消费者发生化学反应的催化剂，你可以通过各种互动方式，将品牌价值、购买理由、视觉符号、商品展示等信息凝聚成一体化的超级品牌信息包，这个信息包就是超级能量包，就是超级自媒介，能形成极强的购买刺激。

除了发挥现场活动所具有的展示功能外，你还要以活动为宣传契机，充分运用各类媒介，以现场直播的形式，将这个品牌信息包发射出去，最大化地释放营销势能，引爆媒介整合传播。

在商业高速发展的时代，品牌商也在不断制造活动，打造消费者的购买指令，如“双十一”全球狂欢节、京东618全球年中购物节等。

整合营销是一部戏，从信息、媒介、活动三个维度整合发力。而且这部戏一定要以产品为主角，所有环节都是为它服务的，没有产品，其他都不复存在。那主角的标准是什么呢，就是戏份多，尽可能越多越好。

因此，整合营销传播不能太炫，不能抢了产品的大戏，要将产品最大化地融入创意中，给消费者立即参加活动、马上购买商品的理由。

综上所述，品牌原力来自人类大脑自动式思维系统的无意识（潜意识）思维，可以为品牌赋予强大的创意能量，让品牌创意有方向、更精准。

品牌原力创意的十二字魔咒是“购买理由、购买指令、购买刺激”，它们构成品牌原力创意的三板斧。

第一板斧——创建购买理由。即明确你的品牌为消费者提供的差异化价值，基于“动机原力”来创建购买理由。需要注意的是，这个环节要以产品为基础，同时洞察目标消费者，获得消费者动机原力，找到购买理由定位，然后根据定位创建购买理由。购买理由除了核心理由外，也可以包括其他理由。

第二板斧——创造购买指令。即遵循购买理由，基于“文化原力”来创造购买指令。需要提醒大家的是，创造购买指令时要坚持“少则多，少则得”的原则，保持文化元素（文化原力）的单纯性，简而言之，就是你的创意表达要聚焦到核心要素上，让创意像刀片一样锋利。

第三板斧——规划购买刺激。即发挥“诱因原力”，从信息、媒介、活动三大维度开展整合营销。根据条件反射原理，购买刺激使购买理由、购买指令形成“有策略、有秩序、有结构”的策略部署，刺激消费者内心，诱惑消费者购买。在媒介碎片化、信息爆炸的时代，整合营销思维变得越来越重要。

品牌原力创意的三板斧，可以为你制定营销策略、做创意开拓新的思路。其目的是让消费者行动，即当消费者看到创意指令时，情不自禁地采取购买行动。

弄明白了品牌原力创意，哪怕面对再激烈的营销竞争，我们也会心有乾坤、胸有成竹。品牌要做的就是唤醒这个品牌原力，用超级原力创意成就超级品牌。

如果大家想进一步详细了解品牌原力创意方面的内容，可以阅读笔者的《品牌创意营销：找准品牌原力，做对营销创意》一书。

要点八 品牌势能

8.1 品牌势能是什么

关于势能，大家在物理课上都学过，不过品牌势能和物理中的势能形似而神异，品牌势能简单概括就是消费者感知到的品牌能量。势能是一种状态量，所以，品牌势能本质上是对品牌状态的一种描述。

通常来说，品牌的初始价值是既定的，而要获得品牌势能，就需要通过体验、营销、服务等手段向消费者让渡价值，提高消费者对品牌的认知价值。

例如，半干拉面是一种比较传统的面食。如果笔者说两个半干拉面品牌——一町拉面和拉面说，则大多数人可能知道后者而不知道前者，但其实一町拉面才是一个成立多年的老品牌，而拉面说是一个新生的网红品牌。一町拉面的基本价值是做传统半干拉面，拉面说不仅提供这个基本价值，而且开创“家里的拉面馆”的新品牌概念，成为新一代的选择。

品牌即信号，消费者更愿意选择大品牌。作为信号，品牌让消费者在琳琅满目的商品中一眼将其识别出来。例如，一町拉面意味着足够新鲜，卡地亚钻戒传递的是不俗的品位，劳斯莱斯彰显的是尊贵。

品牌势能是感召力，势能的强弱则决定了信号的大小。品牌势能对消费者刺激的信号越强，则消费者的行动反射就越大。换言之，你需要通过释放强大的品牌势能，让消费者在接触过程中形成对品牌的重复（永久）记忆。

在消费者的认知中有一个潜在的信任逻辑，即相对于普通品牌，有实力的品牌更值得信任。那些势能强大、令人印象深刻的品牌就像一个满载消费者信赖与自身品质的容器，往往会被优先选择。

没有势能，难成品牌，甚至就不是品牌，品牌势能的高低决定了品牌能否被看见、被记住、被信任甚至被热爱。

品牌势能造就让顾客选择的强大力量，一个击中顾客心智的词汇、一句诠释购买理由的话语、一次受关注度高的媒体宣传、一场有煽动力的品牌活动等都可以造就品牌势能。

一家企业只有把自身的品牌形象拉高，构建强大的品牌势能，才能抓住高价值客户和意见领袖的心，才能在市场上释放出强大的动能，从而实现预期的市场业绩，占据一定的市场份额，在激烈的市场竞争中胜出。

相应地，如果企业的品牌势能不足，就吸引不了有价值的消费者，就无法打动消费者的内心，就实现不了物有所值或是物超所值的交易。品牌势能是人们在品牌体验中感受到的品牌能量。这种能量会与消费者产生心灵上的共振，会在消费者心智中享有优越的存在感，会对消费者产生强大的影响力，会使企业对整个市场的竞争具有全局的掌控力，从而凝结成让消费者无法抵挡的品牌魅力。

8.2 高度法则——从两个角度构建品牌势能

在讨论高度法则之前，笔者要问各位读者：为什么中国成千上万条河流中，唯有长江和黄河两条河流最长？

这是因为长江、黄河这两条河流发源地的“角度和高度”使它们拥有了巨大的势能。

品牌势能的构建也有异曲同工之妙。品牌势能让渡价值的能量来源于品牌的角度（位置）和高度。在品牌营销中，构建品牌势能最为重要的因素是角度和高度，消费者的认知价值越高，品牌势能就越大。

8.2.1 从“热销概念”角度构建品牌势能

人都具有从众心理，特别是消费者。从众心理是指个体在社会群体的无形压力下，不知不觉或不由自主地与多数人保持一致的社会心理现象，通俗地说就是“随大流”。从众心理的典型表现是当我们看到许多人围住一个摊位或排起长队抢购某种产品时，尽管我们并不真正了解该产品的优点或不确定自己是否需要，却仍会身不由己地加入购买者的行列中。人们选择产品时，会选择大家都买的产品，因此，消费者认为卖得好的产品才是好产品。

例如，刚开业的餐饮店喜欢制造顾客排长队等座位的热销场景。打造品牌势能时要善于抓住买家的从众心理，最为典型的做法之一就是告诉消费者这款产品的销量全国领先。“全国销量领先”是一记重磅炸弹，能击溃消费者的防御心理。

实践中我们可以从销售业绩、销量、消费者数量、产能等方面来塑造热销第一的概念。例如，以下广告语就成功地制造了热销概念。

- “香飘飘，连续 7 年全国销量领先”
- “香飘飘，一年 12 亿人次在喝”
- “溜溜梅，一年热销 20 亿颗”
- “700 万家企业组织用钉钉”
- “移动宽带，超 1 亿家庭的真实选择”

8.2.2 从“品类概念”角度构建品牌势能

在一个品类中成为品类专家、品类开创者、品类领导者是品牌构建品类势能的三个阶段。

首先，要重新认识品类专家这个好用的品牌术语。

人们往往只相信某人能成为某一个领域的专家，而不是两个领域的专家，虽然这一认知与事实不符。

品牌也是如此，成为专家品牌的首要前提是聚焦于单一业务。如果品牌试图兜售多个概念或产品，那么它将很快失去成为专家品牌的基础。

专注于某一特定领域或者某一特定产品的企业能给人留下深刻的印象，人们把这种企业视为品类专家。由于他们是专家，人们会想当然地认为他们必定有更多的知识和经验。

以下这些品牌成功塑造了品类专家的形象。

- 大卫，拖把专家
- 福耀玻璃，汽车玻璃专家
- 索菲亚，柜类定制专家
- 先锋，取暖器专家
- 公牛，插座专家

其次，品类开创者是表达品类第一最为直观的品牌术语。

在影响消费者决策的因素中，较大的因素是品类联想，即想到这个品类，最先想到哪个品牌，最先想到的品牌必然成为率先考虑的对象。无论消费者最终选择哪个品牌，开创者品牌是消费者心智中绕不过去的存在。

例如，当消费者购买凉茶饮料时，首先联想到的品牌是王老吉，即便消费者最终选择了和其正，心智中也绕不开王老吉。而且如果没有对比王老吉的产品，购买其他品牌时也不够放心。

以下品牌塑造了品类开创者的形象。

- 九阳，豆浆机的开创者
- 香木香羊，酥香型烤全羊的开创者

最后，领导品牌表明该品牌占据品类第一的绝对位置。

通过“品类专家”和“品类开创者”这两条途径的塑造，你的品牌便可以成为消费者心智中的领导品牌。品牌的领导者定位能够对消费者的心智产生很大的影响。其中的原理是心智难以改变，一旦品牌在消费者心智中占据领导者地位，其将长期保持。《定位》一书中列举了很多长期处于领导地位的品牌，它们都是历经上百年的品牌，如今地位依然稳固。

在中国市场，海飞丝、潘婷、飘柔主导洗发水市场几十年，海天长期主导酱油市场，格力、茅台、蓝月亮、哈弗SUV、九阳、公牛、南孚、史丹利、香飘飘、王老吉、方太等品牌也长期主导所在的市场。

另外，成为领导者后，就具备了击退跟随者进攻的资本，这种优势只有领导者才能拥有。领导者还具有延展性的优势，即及时吸纳跟随者的新发现。

8.3 放大法则——放大核心卖点，打造品牌势能

通常我们说到品牌，都会谈品牌创意。的确，有创意的品牌广告语能激活消费者的大脑神经，触碰消费者的心弦，从而使消费者过目不忘、记忆犹新。

巴甫洛夫基于对条件反射的研究提出，人的一切行为都是刺激反射行为，信号刺激越强，行为反射越大。

品牌传播就是发信号。现在信息过多，消费者的心智疲于应付，所以你必须小心处理品牌信息，否则会被消费者忽略甚至遗弃。要知道，你想代表的东西越多，你在消费者的心智中就越模糊，从而为竞争对手占据你原有的市场敞开了大门。笔者基于多年的品牌营销实践认为，广告语创意要精炼，遵循放大法则，通过放大某个点来形成品牌势能。

品牌传播是针对目标群体而发出信号的过程，因此广告语策划离不开对目标群体的研究。通过研究群体的想象力可以看到，想象力特别易于被形象产生的印象左右。在策划品牌广告语时，要巧妙地把广告内容做得更精炼。经过放大化处理之后，它们毫无疑问有着神奇的力量，能够在群体心中掀起品牌风暴。

消费者的心智厌恶混乱，你的品牌信息必须简单，要找到聚焦品牌信息的核心词汇，占领消费者心智。因此，一词定心智，一词定销量，放大一个品牌广告语的核心词汇才能抢占消费者的心智，达到事半功倍的效果。同时，消费者通常倾向于对同类产品进行比较，而在比较同类产品时，可能难以发现一些重要的细节和隐藏的价值。因此，需要通过标识语言点亮品牌的深层价值。

这个核心词汇是什么？是核心卖点，是购买理由，是品牌资产。

下面笔者以东鹏特饮为例进行说明。东鹏特饮是一款具有多种功效的维生素饮料。为了凸显品牌的核心卖点，在包装上将“东鹏特饮”四个字做了处理，即主要放大“东鹏”二字。同时，在品牌广告语“累了困了喝东鹏特饮”中，突出“累了困了”四个字，使其具有一眼就能看见的视觉冲击力。而且，在平面广告中，品牌名东鹏特饮出现了三次，除了“累了困了喝东鹏特饮”的广告语外没有任何其他的文字信息，在文字核心内容上做到了极简。

传播学派中的符号互动论者认为：“人类需要社会刺激和抽象化的符号系统以唤醒人类特有的观念性的思考过程。”语言就是唤醒人类思考的符号，而有意义的词语、词汇是符号中的符号。

营销的本质是让消费者迅速做出购买决策，语言符号刺激消费者的大脑，并激活消费者的购买指令。语言是激活心智的软件，所以品牌常常通过广告口号来刺激消费者做出反射行为。

那么，什么样的广告口号更能刺激消费者做出反射行为呢？

笔者认为，广告语最好能精简成为广告口号，而在广告口号中最好要有品牌名字。广告口号帮助品牌形成品牌资产，而有品牌名字的广告口号能够刺激消费者做出反射行为，帮助品牌积累品牌资产。

以下广告口号就符合上述要求。

- “农夫山泉有点甜”
- “累了困了喝东鹏特饮”
- “经常用脑，多喝六个核桃”
- “香木香羊烤全羊，不一样的酥香”

《道德经》中讲“少则得，多则惑”。这一点也适用于品牌广告语策划，也就是说，一旦想表达的东西多了，就会迷惑消费者，反之，极少的核心卖点才能引起消费者的注意。因此，放大核心卖点还有一层意思，就是精简其他的内容，这样更加凸显核心内容。

8.4 “高贵”法则——“高贵”媒体并举，铸就品牌势能

各位读者，你可知道为什么很多品牌花大钱、挤破头都要上央视？笔者了解到，腾讯、阿里、抖音、快手这些品牌近年来争相冠名央视春晚，每个品牌光红包就发了十几个亿。传统企业更是如此，像宝洁、蒙牛、伊利、格力等大品牌，都是央视的广告大户。

在此问读者一个关于品牌的问题：如果品牌有一种无形的力量在支持，你认为那是什么力量？或者说，你决定选择某个品牌时最为看重的因素是什么？

笔者在给很多企业做品牌培训的时候也问了这个问题，绝大部分的回答是产品特征（手感好）、功能特点（能够满足需要）、品牌形象（外观设计好看）、情感利益（喜欢，有感觉）等。

其实，在这些特征的后面，还有一个极为重要的因素，那就是“信任”。我们常说某个品牌是大品牌、高端品牌，实质上是这个品牌让我们相信其是大品牌、高端品牌，而信任靠的是媒体塑造。因此，品牌传播就是发信号，信号越强越有效。品牌做媒体投放时，并非投放的媒体越多越好，而是要聚焦“高贵”媒体，这样品牌势能才会越来越强。

什么是“高贵”媒体？

“高贵”媒体的第一个特征是“高”。高能带来力量，高能铸就势能。流水自高空落下，就形成水势能，可以用来发电；雪块从高山翻滚而下，就能形成巨大的雪球。同样，品牌传播如果运用高位媒体，

则能形成高品牌势能。

以电视媒体来看，根据媒体的层级可分为县级媒体、市级媒体、省级媒体、中央级媒体，这些层级的媒体具有不同的媒体势能。在不同层级的媒体上做品牌传播，将形成不同的品牌势能。例如，在地级市媒体做品牌传播，你就是市级品牌；在省级的卫视做品牌传播，你就是省级品牌；在央视做品牌传播，你就是全国品牌；在纽约时代广场做品牌传播，你就是国际品牌。

"高贵"媒体的第二个特征是"贵"。除了自身努力外，品牌要成功也离不开"贵人"相助，品牌的这个"贵人"就是"贵"媒体。通过"贵"媒体，可以快速形成品牌势能，让人们对你的品牌充满信心，更加信赖。

"贵"媒体有哪些？传统的"贵"媒体有机场户外广告牌、机场贵宾室媒体、企业家杂志、高尔夫球场媒体、城市中心户外广告牌、高端商场媒体等；新兴的"贵"媒体有人民日报 App、新华社 App、高净值人群关注的微信媒体等。如果你的品牌在这些"贵"媒体上做宣传，自然就会形成高品牌势能，笔者就通过运用"贵"媒体帮助多家上市公司打造了高品牌势能。

总之，优质的"高贵"媒体是稀缺资源，并且越来越贵。马歇尔·麦克卢汉在《理解媒介》一书中说："媒介即信息。"也可以说，形式即内容，贵的、公开的广告才有仪式性。有研究者认为："广告就是企业为了应对信息的不对称，给顾客发信号，信号必须够贵，如果信号不够贵，则信号无效。"

对零售品牌而言，店面位置与货架位置对品牌信号的能量有决定性的影响。相对而言，地段越贵，面积越大，则信号能量越强。例如，苹果、LV、麦当劳都是选择城市的中心或者昂贵的位置。同时，在设计店面外观时，凸显品牌符号是重中之重，如苹果的品牌Logo、麦当劳的金拱门（见图8–1）就是凸显品牌符号的典型例子。

图8–1　麦当劳的金拱门

8.5　集中兵力法则——以压倒性优势做市场

当你作为一个品牌推广的负责人时，或许会遇到这样的问题，总觉得品牌推广的预算不够，领导总是想用一分钱做出两分钱甚至一毛钱的效果来。事实上，如果是知名度高的企业的确可以做到事半功倍，可是对于大多数中小企业而言却很难，甚至可能会事倍功半，得不偿失。

其实，中小企业要想打造品牌力，积累品牌资产，是有方法可循的，哪怕是资源极为有限的品牌主，也是有品牌推广方法的，那就是运用集中兵力法则，即集中资源在一个点上取得突破，积点成线，再积成面。这是资源有限的情况下最为恰当的品牌推广方法。

运用集中兵力法则的目的是让有限的资源在局部形成压倒性优势，建立超级品牌势能，在某个市场形成绝对竞争力。这个打法之前在快速消费品市场运用最多。笔者在服务洋河蓝色经典品牌的时候，一开始就是在江苏一个县、一个县地做广告、铺货、举办活动，然后以各个县为点，积点成线，拓展到市，再形成省的面，最后到全国。史玉柱的脑白金也是这个打法，也是一个地方、一个地方突破。

集中兵力法则还有一个很重要的作用，即让品牌在局部市场练兵、试错，将打法和成功经验快速复制。知名零售品牌娃哈哈为什么那么牛，就是因为娃哈哈拥有强大的市场覆盖。一旦某个产品品牌开始推广，就可以同时在几个市场集中兵力做试点，看看哪种方式效果好，最后就用哪个。

集中兵力法则用在品牌打造上有两个潜在逻辑。一是品牌在某个局部市场的占有率达到百分之五十以上，该品牌就具有相当的竞争力；达到百分之七十以上，该品牌就具有绝对的竞争力。二是品牌在相邻近的三个局部市场一旦形成三个相连的面，就会形成绝对的品牌优势，产生“1+1+1>3”的效果。同时，品牌建立据点之后可以向更大的市场进攻。

各位读者会想，对于很多中小企业品牌而言，在某个局部市场的占有率达到百分之五十以上是很难的，尤其是对于一些新品牌，或者知名度极低的老品牌。其实笔者想说的是，我们做市场，要在战略上忽视它，在战术上重视它，其关键点是分割市场，建立品牌根据地，做这个市场的领导品牌。

例如，知名奶茶品牌茶颜悦色就在湖南长沙市场扎下了根。最初他们借助小店站稳市场之后，在长沙根据不同的选址开设了不同类型和大小的店，集中兵力在长沙做店面、做广告、做活动，先把长沙本地市场做透，直至在长沙市场的占有率达到百分之五十，然后考虑在相邻的城市扩张。茶颜悦色在全国有 300 多家店，其中湖南本地有 200 多家，成为长沙奶茶品类第一品牌。这些店有 100 平方米以下的小店，也有

200~300 平方米的大店；有街边店铺，也有购物中心内的店铺。如今茶颜悦色已然成为长沙知名的地域性奶茶领导品牌，茶颜悦色的店铺也成为游客们的打卡之地。

集中兵力法则不仅适用于传统终端品牌，也适用于电商品牌。对于中小电商品牌而言，运用集中兵力法则表现为集中精力做单品，将单品做成爆品，将爆品做到在这个品类的市场占有率达到百分之五十，再增加新产品，这样更容易成功。例如三只松鼠，最早通过坚果产品建立品牌势能，进而将产品扩张到肉脯、果干、膨化食品等休闲零食产品，再到后来在线下开实体店铺。恰恰品牌也是从瓜子产品做起，再做干果品类。

集中兵力法则还可以运用在媒体策划上，通过有限的投放预算，形成压倒性优势。在媒体上形成压倒性优势的方法是，在目标顾客接触的媒体上集中投放广告。例如，洋河蓝色经典在一线城市深圳的停车场媒体、户外广告牌、公交车等消费者经常看到的媒体上长期投放广告，从而产生了超级品牌势能。如果媒体投放没有集中兵力，而是分散的，如在户外广告牌做一个月，在新媒体做一个月，在停车场媒体做一个月，在公交车做一个月，那么广告将不能集中于目标群体，也就无法形成势能。

当然，如果有足够的投放预算，可以选择更多的媒体，进行整合宣传，从而产生强大的媒体整合势能。

克劳塞维茨[①]在其著作《战争论》中提出了打胜仗的法则，其中第一个法则就是兵力法则。即当你有局部兵力优势时，你在战争中可以取得局部胜利；当你有全面兵力优势时，你在战争中就会取得全面胜利。因此，品牌在做营销时，要把力量集中在一起，万众一心，全力以赴，

---

① 克劳塞维茨，普鲁士军事理论家和军事历史学家，普鲁士军队少将，自修了战略学、战术学和军事历史学，著有《战争论》一书。

这样才会在市场竞争中取得胜利，为品牌增加营销势能。

8.6 时间法则——滴水石穿，造就品牌势能

滴水石穿，讲的并不是水的力量，而是时间的力量。

品牌的英文是烙印之意，品牌创立的时间越长，其品牌烙印就越深刻，同时，品牌就越值得信赖。例如，百年品牌就要比十年、五十年的品牌拥有更强的势能，其经典传承，历久弥新。这就是品牌的时间法则。

在品牌营销中，相对于大众对品牌的“印象”，大众能否“真正感知”品牌成为企业关注的重点。所谓“真正感知”，即消费者真实看到或者听到品牌，并且将注意力集中在品牌上，只有这种“真正感知”才可能形成品牌记忆。对于品牌而言，能否让消费者经常看到、长时间看到，是打造品牌势能的关键点。这就是品牌成功俘获人心的时间法则，也就是从时间的维度上来增强品牌势能。

做品牌就是发信号，重复的时间越长，信号就越强，品牌势能也就越强。

做品牌就是发信号，但即便你向消费者发出了品牌信号，消费者也接收到了你的这个信号，他们还是有可能忽略你的品牌。毕竟，不只是一个品牌在发信号。人们每天接收到的感官信号不可胜数，但最终能够进入人们大脑的少之又少。此外，大脑会对外部现实进行审核、加工，逐渐形成自己的认知。

如何使消费者真正感知到品牌信号，形成品牌记忆呢？我们应在消费者头脑中搭建一条记忆路径，并且这条路径能够稳定且长期存在，这

样消费者就能形成品牌记忆。我们应基于多重感官体验搭建多条记忆路径，这样不仅能够提高长期记忆形成的概率，还能互相强化不同的记忆路径，使记忆更加深刻。

在品牌传播中要重复增强刺激，在长期的重复刺激中，不断增强品牌势能。心理学专家华生的刺激－反应学习理论给我们的启示就是：传播效果与频率、频次相关，通过重复刺激，能够达到很好的效果。

滴水石穿，并不是水的力量，而是时间的力量。一个成功品牌的打造并非一蹴而就，而是贵在坚持。一个品牌，坚持十年就是十年品牌，坚持百年就是百年品牌。

品牌是长期坚持的结果，品牌的魅力也在于要在三五年，甚至更长时间里，保持品牌传播内容的一致性。实践中，经常有品牌每隔两年就更换品牌主张、品牌形象，感觉不换新就跟不上形势，也有的品牌管理者期望建立的品牌形象、推出的品牌主张起到立竿见影的效果，这其实是不切实际的。

在品牌策划咨询中，我们鼓励品牌主做广告。但一段时间过后，一些品牌主反映只要广告一停，销量就下降，甚至有的在半年、一年后销量跌得厉害。

其实，做品牌要不忘初心，贵在坚持、再坚持。例如，持续推出一个品牌主张，时间长了，量变必然会引起质变，这样品牌势能就有了，顾客就会认为这个品牌可以信赖。

同样，品牌的广告内容、包装形象也要长时间保持一致，使顾客产生信赖。那种广告、包装年年换新装的品牌，虽然看起来花样很多，新鲜感十足，可是对于顾客而言，安全感、熟悉感没有了。你看看 LV 的包包、可口可乐的包装，几十年如一日，深受顾客的信赖。

一直以来，许多品牌都将“历史悠久”作为衡量品质的标准。例如，百年企业，百年匠心，传递给消费者的信息是“我们历史悠久，因此值得信赖”。如图 8–2 所示，奔驰的品牌传播宣传的就是悠久的历史。

图8–2　奔驰广告

消费者对品牌的印象、情感、态度会随着认知和时间的改变而改变，企业也要与时俱进地对品牌进行调整，让品牌更深入人心。但要注意，品牌一旦形成，就不能随意改变原有的主张，品牌个性可以附加但不能相互冲突，这就需要企业长期维护品牌的个性，避免建立起来的品牌个性被时间冲淡。

品牌态度不是短期内就能形成的，它需要企业长期的坚持。很多品牌管理者在短期内没有看到显著的效果，或对自己的品牌不自信，就会在品牌宣传上随意调整，以至于给顾客留下前后不一致的印象。要知道品牌每进行一次修改，对顾客而言，就是新品牌。

品牌势能是一种品牌感召力，品牌势能越强，消费者对品牌的行为反射就越大。品牌向消费者传达的信号一定要强，因为消费者没有责任记住你，你需要通过强烈的信号反复刺激他们。从长远来看，品牌的重复记忆需要日积月累，时间越久，刺激越大，品牌势能越强。

要点九 体验设计思维

9.1 体验、体验营销和体验设计思维

要认识体验设计思维，首先我们来了解一下体验及体验营销。

在品牌营销中，体验是在产品使用过程中形成的一种纯主观感受，这种感受具有将商品转化为货币的推动力，因此我们将体验作为重要的营销因素。

体验营销作为一种营销方式，已经逐步渗透到销售市场的每个角落。体验营销通过看、听、用、参与的手段，充分刺激和调动消费者的感官、情感、思考、行动、联想等感性因素和理性因素，使消费者从单向的被动的产品信息接收者，成为能够主动了解产品，与品牌进行双向互动的角色，从而让消费者在理性和感性的消费需求上得到最大化的尊重。

体验营销是围绕着消费者在购物过程中的体验这一核心来进行的。通过提供“产品、视觉、内容和服务”的实际体验，可以满足消费者的物质需求和情感需求，并可以借助直接的互动和交流，获知消费者的评价，实现即时购买行为。

要认识体验设计思维，我们还需要认识设计思维。

设计思维是一种以人为本的解决复杂问题的创新方法，它利用设计者的理解和方法，将技术可行性、商业策略与用户需求相匹配，从而转化为客户价值和市场机会。

体验设计思维是利用设计思维的方法对体验营销中的核心元素进行改良、创新，营造别具一格的顾客体验，为顾客创造独特的品牌价值。

互联网时代的体验设计思维为顾客提供一个真正相关的体验作为核心价值，让它深植人心，以创造品牌与顾客的连接。有别于将消费者视为被动的信息接受者，体验设计思维试图通过“吸引”，积极邀请、鼓励消费者参与到产品的生产和共同创造的营销计划中，形成双向对话，发展并逐步强化消费者与品牌的连接。

体验设计思维集中体现在产品、视觉、内容、服务四个维度上，每一个维度的体验设计都可以提升品牌信息与目标用户及时互动的相关性，创造全新的品牌体验和惊人的营销力。

9.2 四维体验设计

9.2.1 产品体验设计

产品是品牌最大的购买理由，也是第一个购买理由。如果要推出新产品，则产品体验是打开市场的利器，好的产品体验势必会引爆品牌营销。

产品体验可分为试用和试吃。对于使用类、应用类的产品，可以让顾客试用。例如汽车、服装、首饰等产品要想打开市场，就要让顾客试用，于是有了试驾、试穿、试戴等。对于食品类的产品，可以让顾客试吃。因此，产品体验常常成为营销手段。

1. 产品体验创新，为品牌商业模式赋能

产品体验可以成为商业模式创新的着力点。例如，美国鞋类电商网站 Zappos，以“三双鞋”的产品体验模式成为鞋类电商王者。

Zappos 由谢家华于 1999 年创立，其销售额一度占到全美鞋类销售额的 1/4。2009 年，Zappos 被亚马逊以 12 亿美元的高价收购，创下了当时美国电商收购史上的最高收购额纪录。

“三双鞋”是 Zappos 的一个极具代表性的产品体验条款。这个条款是指客户买一双鞋，Zappos 就会寄出三双鞋给客户。比如客户选择 40 码，Zappos 就寄 39—41 码三双鞋，让客户可以选择最适合自己的鞋，然后再把另外两双退回。另外，客户在一年内无论有没有穿过，都可以包运费无理由退货。

此外，Zappos 还有“惊喜体验”（Woo Experience）。比如，当客户选了 3~5 天的正常送货期，Zappos 会在第二天就把货送到，给客户一个小惊喜。在产品说明上，每一双鞋子都有 8 个角度的照片，能够帮助客户细致地了解产品。

2. 产品体验创意，为产品体验增添仪式感

心理学中有一个概念叫心锚效应，说的是某种情绪与行为和外界的某个事物产生连接，会产生条件反射。在品牌营销中，具有代表性的仪式化的动作，可以为消费者使用产品增加仪式感，它会像一个按钮一样，让消费者进入特定的消费情景中。

例如，农夫果园的“喝前摇一摇”，奥利奥的“扭一扭，舔一舔，

泡一泡”。通过这种有趣的饮食方式，可以为产品体验增加仪式感。

此外，针对产品使用过程设计一些烘托产品氛围的行为，用这些行为表达情感的内容，可以增加用户心理上的情感变化。例如，有人说“我很享受打开包装的过程，一旦包装设计得很有仪式感，产品也变得特殊起来”。的确，包装的层次以及打开的顺序传达出一种价值感。

9.2.2 视觉体验设计

在数字化时代，我们创建品牌的路径也出现了逻辑上的改变：从理性主导到感性为先。这个改变指向感性品牌化的趋势。在理性和感性这两种品牌建立的驱动力量中，过去长期是理性占主导，尽管在某些品类（如化妆品、首饰、服装等）的品牌建立中感性驱动的分量相当重。数字化时代品牌化的新规则在一般意义上将“理性主导”拉向“感性－视觉至上”，主张更多地运用和发挥情感的力量，注重更强大的品牌视觉冲击，主张品牌联想视频化等。这已经成为数字化时代品牌化的一个重要趋势。

有关视觉的内容，笔者在“视觉磁场”要点已做了详细说明。关于视觉体验，笔者主要围绕线上网店来讨论。无论是对于官方网站还是个人网店，打造视觉体验时都要注重舒服、吸引眼球和富有个性，其中个性是灵魂，帮助品牌在顾客心中建立认知偏好。

线上互联网品牌视觉体验设计的核心是打造超级 IP 形象，即通过 IP 形象建立品牌在顾客心中的视觉形象。这个形象最好是具体的，越具体越好，因为具体的视觉形象更便于顾客记忆，形成具体而清晰的品牌烙印。例如，三只松鼠品牌就设计了三个呆萌的松鼠形象，让顾客一下子就记住了。

在线上互联网品牌的视觉体验设计中，无论是界面设计还是功能设计，都要与网络技术相结合，以用户体验为中心，进行扁平化设计、简单设计（减少模拟设计元素，文字即视觉）、UI 应用风格接口设计。

9.2.3 内容体验设计

数字媒介环境的发展改变了消费者的行为。在过去，企业拥有对媒体的影响力，消费者很难与企业对抗；现在，企业要得到消费者的关注，只能用他们感兴趣的内容，去他所在的地方，用他们喜欢的沟通方式。受众阅读行为从 read 变为 look，阅读模式从慢读模式变为移动碎片化的速读模式。

能够让现有及潜在消费者创造或分享内容的所有传播形式都可以形成内容体验。内容体验是指通过不同的形式，对有价值的内容进行寻找、组织、创造和分享，以吸引关注和互动参与，增加品牌可见度及偏好度，建立品牌在顾客心中的良好形象，进而获得目标受众。

在数字营销领域，内容体验不仅仅局限于文字，其将超越特定的传播模式、媒介限制及物理界限而得到持续的自由发展。

内容体验如此重要的原因是，潜在顾客永远在寻找有助于做购买决定的内容，如社交媒体活动、广告片、在线培训、游戏、小样、特卖会、导购工具等。

为了获得顾客的持续关注，品牌需要提供相关的、高质量的内容，并且内容要在各种媒体上进行传播。

对于多数企业而言，内容体验设计的首要任务是建立轻量级内容发布平台。应允许单人或者多人协作，将创作的内容以主题的形式聚合，通过微博、微信、抖音等平台输出，分享给用户阅读和互动。在建立轻量级内容发布平台时要注意以下四点。

- 通过以主题为核心的内容组织方式来聚合内容
- 用视觉化的图文样式提高用户的阅读体验
- 通过用户投票进一步精选内容
- 用精美的模板区隔来强化页面的结构

在数字营销时代，任何反应、动作、行为都是一个记录，都会成为营销素材，互联网最大的特征是建立人与人之间、品牌与顾客之间的连接。

在内容策略上，要说顾客想听的，而不是只说你想说的，要让顾客认同，让顾客成为品牌的代言人，让顾客为品牌创造内容，让顾客成为品牌最有信誉的传播者。

9.2.4 服务体验设计

在社交关系时代，顾客不想对品牌说话，他们只想对人说话。由于线上购买过程较为简短、快捷，客服与顾客的在线沟通成为顾客体验品牌的关键时刻，因而服务体验就变得极为重要。

如今，在互联网上，提供专家在线解答、在线预约维修、查看状态等售后服务，并为用户提供最快捷的解决方案是最为基础的服务体验。

以对话为基础的服务体验设计，不只是销售产品或举办品牌活动，还包括与受众持续对话，通过接触、吸引、兴趣培育、销售促进，提高顾客的忠诚度。而如何发挥服务人员的主动性，以友善的咨询服务建立信任，鼓励顾客立即采取购买行动，是服务体验设计的核心。

Zappos 在客户服务体验设计上可以说是做到了极致。有人说，Zappos 在当时开创了互联网电商服务的全新模式，堪称电商界的“海底捞”。客服热线中心是 Zappos 最核心的部门，被称为用户忠诚度团队。与某些互联网企业敷衍刻板的客服不同，Zappos 赋予客服团队充分的自由，不以与用户通话的数量为业绩标准，也不设立交流的模板化内容。比如，如果 Zappos 上某款式缺货，客服会在竞争对手的网站上寻找合适的品牌并加以推荐，真正做到以客户为导向。

9.3 案例分析：改善在线体验设计，提升在线购物体验

营销始于客户，无论是 B2C 产品还是 B2B 产品，要实现可持续营销，就离不开对客户体验的洞察。无论是对于线下购买还是线上购买，要洞察客户体验，都离不开对“购物旅程”的研究，以及对关键时刻与客户体验主要评核元素的分析。下面笔者将以“购物旅程”为基础，描绘日本 belulu 美容仪产品的客户在线购买的体验地图，对购物体验的关键时刻和主要评核元素进行分析，并为体验设计优化提供参考建议。

9.3.1 借助购物者原型描绘在线购买体验地图

belulu 美容仪产品来自日本美天使株式会社旗下的绮丽堂，其融合日本前卫的小家电生产技术和经验，为众多爱美女性提供更佳的使用体验，帮助更多的女性快乐收获健康肌肤。belulu 在日本多家大型连锁商城设有专柜；在中国市场上，其在天猫、京东等电商平台有售。

为了更好地说明体验设计，笔者以 Coco 小姐为 belulu 的典型购买者，描述其在线购物旅程，从购物旅程中找到提升在线购物体验的关键时刻。

调查发现，Coco 既看重价格，也非常注重产品的质量。根据消费

者心理学中的购物者原型（包括战略节省客、质量追求者、最低价猎人、习惯性忍者、机会冒险家和热情探险家六个），笔者将 Coco 的原型定义为质量追求者。

Coco 的在线购物旅程包括注意、考虑、购买、购后四个阶段，其中购买阶段集中体现了客户对体验设计的需求。

（1）注意阶段。Coco 通过网络搜索产品信息，了解该产品品类的相关品牌。

（2）考虑阶段。Coco 通过网络口碑和朋友推荐，对相关产品进行“学习”（指了解产品知识）。

（3）购买阶段。Coco 进一步对产品功效、价格进行比较，当产品性价比符合预期时，便决定购买。

在该阶段，Coco 经历查找产品、比对产品、选择目标产品、询问客服、下单付款五个环节，其中第一至第四环节是该体验地图的核心。其购买阶段的体验地图如图 9-1 所示。

第一环节	第二环节	第三环节	第四环节	第五环节
查找产品 ◆在电商平台查找美容仪产品类别	比对产品 ◆了解多款产品 ◆查看购买评价	选择目标产品 ◆查看产品详情页，了解使用体验	询问客服 ◆确认产品相关知识及使用体验 ◆明确售后服务内容	下单付款 ◆购买完成

图9-1　购买阶段的体验地图

通过调研发现，Coco 对 belulu 产品购买体验的满意度并不高，除了比对产品环节（产品款式多与购买评价好）之外，其余环节的体验都为一般满意和不满意，如图 9-2 所示。

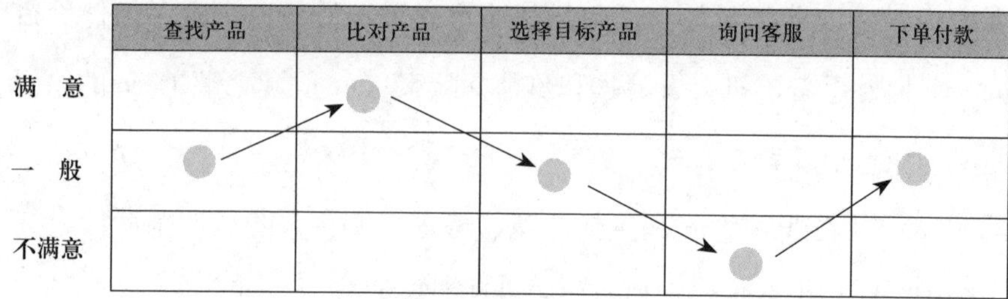

图9-2 belulu产品购买体验的满意度分析

（4）购后阶段。belulu 属于电子科技产品，良好的售后服务对客户体验非常重要。Coco 会通过线上评论与线下经验分享介绍售后体验。

9.3.2 发现购物关键时刻，洞察客户体验的主要评核元素

根据上一部分的购物旅程，尤其是购买阶段的体验地图，可知 Coco 购物的关键时刻具体如下。

（1）在查找产品环节，关键时刻为“听到过该品牌”（品牌知名度）与“亲友介绍或查看购后评价”（产品口碑），如图 9-3 所示。

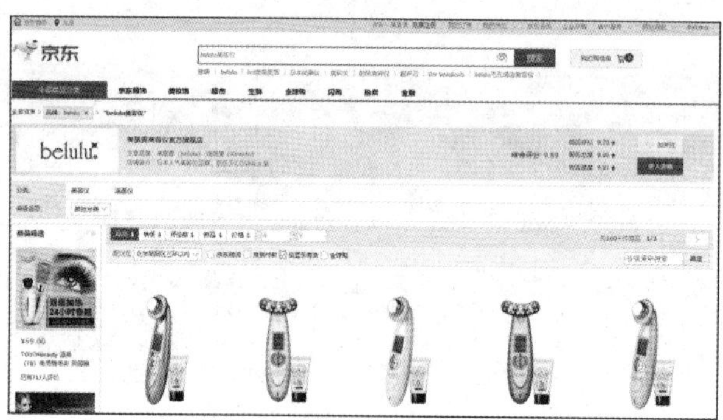

图9-3 查找产品环节

（2）在比对产品与选择目标产品环节，关键时刻为“了解产品功效”（产品介绍）。

（3）在询问客服环节，关键时刻为“在线客服回复”与“维修与退

换货”（售后服务）。

以产品、视觉、内容、服务四大体验作为客户体验的主要评核元素，观察到 belulu 的表现如下。

（1）“产品体验”表现：客服人员分辨客户咨询信息，对产品做详尽的介绍说明。

（2）“视觉体验”表现：客户可以通过网店的图文了解产品详情。

（3）“内容体验”表现：内容较少也较为单一，除了产品信息介绍外，就是产品使用体验分享。

（4）“服务体验”表现：快速告知产品的使用方法与使用体验，对有问题的产品主动提出维修或更换。

9.3.3 优化体验线索，提升购物体验

线索是客户体验的重要价值锚点，也是客户对产品价值进行感知的主要途径。线索主要包括理性线索、感性“机械式”线索和感性“人本”线索。对于 belulu 美容仪产品，当前 Coco 所感知的线索具体如下。

（1）理性线索，为“产品评价与产品价格”。

（2）感性“机械式”线索，为“产品材质与包装设计”。

（3）感性“人本”线索，为“客服人员专业知识”。

为提升 Coco 对购买体验的满意度，笔者为 belulu 的购物体验增加了新线索，如图 9–4 所示。

具体来说，belulu 可从以下方面提升购物体验。

产品体验：进行产品体验创新，增加产品试用。可以邀请意见领袖或消费者对产品进行试用并做测试，在体验后做出评价，展示产品使用效果。

现有线索	新增线索
◆理性线索： 产品评价与产品价格 ◆感性“机械式”线索： 产品材质与包装设计 ◆感性“人本”线索： 客服人员专业知识	◆理性线索： 产品产地说明 / 物流便捷性 ◆感性“机械式”线索： 产品视频介绍 ◆感性“人本”线索： 客服人员的声调、用语

图9-4　现有线索和新增线索

视觉体验：对于千千万万的爱美女性而言，变美是她们购买美容仪产品的目的。belulu 可以借助视觉体验创新让产品更富有表现力，例如通过富有美感的产品设计（见图 9-5）、包装设计，以及展示已取得的变美效果，让购物者在购买阶段感知到产品重要的视觉体验线索。

图9-5　belulu富有美感的产品设计

内容体验：增加产品视频介绍，建立轻量内容平台。质量追求者是天生的“学习”家，喜欢对想要的产品不断地探索，因此增加产品详情介绍对提升客户认知极为重要。“用户评价”是重要的产品质量认知来源，belulu 有必要邀请使用过该产品的客户为其现身说法，做出客观评价，同时，也可与业界的 KOL 合作，并建立自己的轻量内容平台。

服务体验：规范客服人员的声调、用语，加强物流便捷性。为了探索到底，质量追求者会不厌其烦地向客服咨询，而规范客服人员的声调、用语，有助于提升购物者在询问客服环节的满意度。同时为了让客户尽快收到产品，有必要在中国境内建立足够的产品库存，解决物流便捷性问题。

体验带动需求，需求包括体验。在品牌营销中，成功的体验设计基于对关键时刻的精准洞悉，完美的线索体验设计基于对客户体验主要评核元素的深度理解，其实质是对购物者的需求洞察与需求管理。无论是对于 belulu 美容仪还是其他产品，这或许都是提升购物者体验的不二法则。

要点十 品牌资产

10.1 没有什么比品牌资产更重要

可口可乐第二任董事长罗伯特·伍德鲁夫曾有过一句著名的论断："假如可口可乐所有工厂一夜之间被大火全部烧毁，第二天就会有银行愿意贷款给可口可乐，可口可乐在一夜间即可起死回生。"

这句话说的就是可口可乐这四个字背后强大的品牌资产。

那么，可口可乐有哪些品牌资产？

可口可乐这个名字全球知名；可口可乐具有"正宗、经典可乐"的品牌意义；可口可乐流线型 Logo 符号及包装让人一眼就能辨识出；深度挖掘后，可口可乐背后还有"二战"老兵的品牌故事；等等。

可见，品牌资产是很具体的某一个名字、某一句话、某一个符号、某一个核心词汇甚至是某一种感觉，总之是一件一件的事累积而成的品牌记忆。

企业的经营有两个视角：一是成本视角；二是投资视角。

成本很好理解，那么投资是什么？就是投入生产产品、经营企业的成本，这个过程中形成的就是资产。换句话说，企业要想管理好品牌资产，就需要保证每一分投资都形成积累，即能形成资产的事情就去做，否则做再多也是零。

10.1.1 品牌资产是什么

“品牌资产”一词听起来有些抽象，有人说品牌资产就是消费者对品牌的印象和感觉，有人说品牌资产就是知名度、美誉度和忠诚度，还有人说品牌资产就是你拥有的粉丝。

品牌资产也称为品牌权益，是指品牌产生的市场效益，换言之，就是产品在有品牌时与无品牌时的市场效益之差。

这个怎么理解？举个例子，同样的一双鞋子，当没有商标、没有品牌时，鞋子就是出厂价；当贴上李宁的商标时，就是李宁的品牌，售价是出厂价的好几倍；当贴上耐克的商标时，就是耐克的品牌，售价是出厂价的十几倍。以上的价格差或者说品牌的溢价，就是品牌的资产。

品牌资产能够使企业提供给消费者的价值增加，因此品牌资产的内核是一切与品牌相关联的，能为消费者带来产品价值或服务价值的资产。

品牌这个词的英文是brand，意为烙印、符号、印记。把这个词引入商业中，其实就是为了说明通过有意义的品牌内容可以帮助企业与顾客建立关系。有趣的是，率先意识到品牌巨大财务价值的是投资公司，而不是各类营销企业，这主要是因为当时的营销企业对品牌的认知不够深刻。

笔者认为，品牌资产就是品牌刻在顾客心智中的印象，这个印象是独一无二的，或者说至少是独特的，而且能够发动消费者采取购买行动，最终可以积累为可估值、可衡量的资产。

品牌资产看不见、摸不着，但它无时无刻不真实地存在于企业中。事实上，品牌资产是诸多企业存在的根基，是企业基业长青、提升价值的保障，是企业最应该重视但又容易忽视的资产。

例如，一提到华为，在消费者的认知中排前几名的要点是民族企业、高科技公司、手机公司、通信领域企业、国际化大企业、超高的营业收入……其实这些都是华为品牌资产的一部分。同时，这些要素在品牌资产中的排序随着企业的发展、时代的变迁会有所变化。

企业对品牌资产的构建实则是对竞争力与自身商业核心价值的重构，而品牌资产的建立并不是单独某个因素作用的结果。随着时代的发展，企业的传统管理逻辑已无法适应新的品牌资产结构，基于无形资产的品牌资产管理将成为未来新的发展趋势。

10.1.2 品牌资产为什么重要

心理学早就告诉我们，顾客在购物过程中是缺乏安全感的。顾客在选择品牌时，为了降低不安全感，更愿意选择自己知道的，最好是别人也知道的品牌，尤其是对于一些具有社交属性的中高端品牌更是如此，而且越多人知道越好。让更多人知道，谈的就是品牌资产的知名度。需要说明的是，这里的顾客包含两个群体，一个直接购买商品的消费者，另一个是想购买该品牌股份的投资者。

品牌资产对品牌营销有何好处？

1. 高品牌资产的品牌具有稳定的流量

高品牌资产的品牌具有以下表现：消费者需要购买该品类时，能想到；消费者在看到该品牌时，能认出；消费者在与其他消费者讨论品牌时，强推荐。

高品牌资产的品牌可以为关联品牌赋能。为什么很多刚刚开业的商场会以优惠条件（如减免一定租金、给予装修补贴），让家乐福、沃尔玛这些大品牌入驻呢？其实，这样做的目的就是让家乐福、沃尔玛这些具有高品牌资产价值的品牌为商场招商赋能。有了几个大品牌入驻，别的小品牌就会被大品牌的“明星光环”吸引而纷纷入驻。

因此，高品牌资产的品牌自带稳定的流量，可以让商品卖得更快、销得更多，还可以影响周边的品牌。

2. 高品牌资产的品牌可以让企业更值钱

有着高资产价值的品牌，更能增进品牌与消费者之间的沟通，拉近品牌与消费者的距离，从而构建品牌与消费者的深度关系，让消费者对品牌产生正面的联想，促进消费者购买。

在资本市场上，品牌资产可以作为资产进行高估值。产品是属于工厂的，品牌是属于顾客的。如果你的企业要上市，或者出售，可以交易的肯定是品牌。可评估的品牌资产作为预期的无形资产，是极为重要的企业资产。显然，高品牌资产的品牌在IPO之前可以获得更多的关注，甚至会影响上市价格，在IPO之后可以获得更稳健的管理市场预期等。

3. 品牌资产可以成为品牌杠杆，为更多的新产品背书，实现品牌延伸

品牌资产的价值在于能够建立品牌势能，形成品牌杠杆，为新产品赋能。例如，小米通过手机打响品牌之后，通过品牌延伸，为几十种不同种类的产品赋能，发挥了品牌资产的杠杆优势，取得了巨大的品牌收益。因此，品牌资产可以成为品牌杠杆，撬动更大的商业价值。

品牌资产对企业的益处不言而喻，例如，使产品价格长期居于高位，让产品更值钱，稳定老顾客、吸引新顾客。换个角度，对消费者而

言，资产价值高的品牌让消费者更加信赖，从而在购买过程中降低选择成本。

品牌资产直接影响着企业在市场中的竞争实力。品牌资产价值高，企业的竞争能力及获利能力往往更强。如何管理品牌资产并提升品牌资产的价值，是所有企业在品牌营销中必须重视的关键问题。对于品牌主而言，做任何一件事时都应以是否形成资产、保护资产、增值资产为标准。每一个动作，每一分投资，都要形成品牌资产。

10.2 品牌资产的三个维度

品牌资产是近些年工商界谈论较多的话题。最早提出品牌资产概念的是美国品牌大师戴维·阿克，他在代表作《管理品牌资产》中提出了知名度、感知质量、品牌联想、忠诚度、专利五种品牌资产，认为这些品牌资产均可为品牌带来高价优势。

业界人士对品牌资产有不同的定义与理解，如华杉老师认为："品牌资产就是给我们带来效益的消费者的品牌认知。我们的最终目的就是要获得效益，能给我们带来效益的消费者品牌认知就是我们的资产。这个效益就是买我产品，传我美名。买我的产品，就要有购买理由；要他传我美名，就要需要他识别、记忆、谈论的词语、符号、话语和故事。"著名策划人叶茂中认为，品牌资产由知名度、美誉度、联想度、忠诚度等构成。

综合以上各位专家对品牌资产的认识与理解，笔者认为品牌资产由品牌联想度、品牌知名度和品牌美誉度三个维度构成。

10.2.1 品牌联想度

古希腊著名哲学家亚里士多德提出，任何一个系统都有自己的第一性原理，这是一个根基性命题或假设，不能被缺省，也不能被违反。因此，我们首先要建立品牌的“第一性原理”——品牌认知，即让消费者对品牌有一个清晰的认知。

所谓品牌认知，即消费者无须多加思考，在看到甚至只要想到该品牌时，就能凭借印象、直觉和经验，第一时间对品牌产生正面的联想，并且迅速做出购买决策。

如何建立品牌联想？

从顾客认知品牌的金字塔（见图 10-1）可以看到，顾客的品牌联想有四个层级，即品牌身份（品牌是什么？）、品牌意义（品牌代表什么？）、顾客反应（顾客对品牌的评价和感受如何？）以及顾客与品牌的关系（顾客与品牌之间的认同感如何？）。

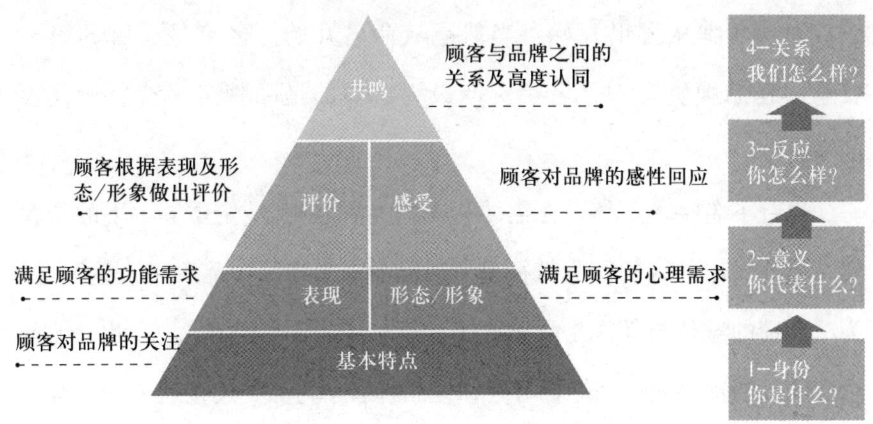

图10-1 顾客认知品牌的金字塔

实践中顾客并非对品牌了如指掌，大多数顾客仅仅知道品牌的某一方面，如名字、标志、包装、广告语、图形等。因此，所有的品牌在顾客的认知中都只能形成品牌瞬间联想，就是此时此刻、某时某刻顾客想到了什么。

品牌联想是指消费者在想到某一品牌时，能记起的一切与品牌相关的事，是品牌资产的重要组成部分。品牌联想的内容主要包括名称、特征、类别、用途、价格、使用者、企业、人物、符号、个性的联想。例如，真功夫这一品牌会让人联想到广东人的饮食生活方式；锐澳鸡尾酒会让人联想到一群热情、兴奋的年轻人。当品牌的核心联想与消费者心中所想相吻合时，消费者就会建立起对该品牌的好感与忠诚度。

创新思维之父爱德华·德博诺说："感知会影响情绪，而情绪会影响行动。"笔者认为，做品牌就是做感知攻略。品牌身份和品牌意义主要通过以下几个核心资产来形成。

1. 名字资产

创立品牌从哪里开始？当然是从命名开始，名字是品牌的第一要素。在品牌资产中，名字资产最为重要的是品牌名字背后所代表的身份。

光有了名字还不够，还需要直观的品牌联想。《定位》一书的作者艾·里斯提出顾客的行为特征是"以品类来思考，以品牌来表达"，认为"营销的竞争与其说是品牌之争，不如说是品类之争"。因此，结合企业的长期发展战略来综合考虑，让品牌名字与品类连接起来才能有一"名"惊人之效。

例如，苹果公司代表什么？代表的是创新。对于投资者而言，苹果的品牌名字代表着该品牌的未来价值；对消费者而言，苹果的品牌名字代表着时尚、科技的身份。

品牌名字拥有巨大的感召力，是最重要的品牌资产。实践中，笔者常常跟品牌主说，做广告、做视觉符号、做活动时，一定要重复品牌名字，尤其对于不太知名的品牌，重复越多则越好。例如，广告中至少要出现三次名字，文章传播中至少要出现三次名字。可以说，越多的人知道品牌名字越好。

2. 符号资产

符号资产，即品牌符号，我们所熟知的品牌符号有耐克的“√”、麦当劳的“M”及小米的“MI”等。品牌符号在一定程度上强化了消费者对品牌的认知。当消费者看到品牌符号时，就会不由自主地想到品牌与服务。

品牌符号包括视觉符号、听觉符号、嗅觉符号、触觉符号、味觉符号五个方面。那些优秀的品牌符号都有独特的识别性与记忆点，从而降低了消费者的认知成本，使品牌更容易被记忆。

因此，在品牌策划中，要精心设计品牌符号。对此，笔者建议品牌主尽量将品牌名字作为创意主体。在品牌传播实践中，要最大化地凸显品牌符号，让品牌符号烙印在顾客大脑里。

3. 品牌个性资产

笔者基于多年的品牌打造经验发现，理念、人、产品、服务、企业、地产、景点、地区、城市、国家等都可以打造成品牌。前面章节笔者也讲过，产品或企业品牌化非常重要的一步是把品牌看作一个鲜活的生命体，建立品牌的个性。

品牌个性是指与品牌相关的一整套人格化特征，既包括性别、年龄、阶层等人口统计特征，又包括品牌性格与品牌气质。概括地说，品牌个性是品牌在消费者心中树立起的个性化、人格化的感性形象，代表着品牌所推崇的价值取向、生活方式，其根本目的在于与消费者建立起情感链接。

例如，奥利奥以“扭一扭，舔一舔，泡一泡”塑造了其有趣的品牌个性；洋河蓝色经典以“绵柔的，洋河的”塑造了其独特而时尚的品牌个性。

同样是可乐品牌，可口可乐的品牌个性是正宗的、经典的、稳重的，而百事可乐则针对年轻人，赋予品牌的个性是热血、有活力、张扬、特立独行，由此建立了百事可乐与年轻人的情感链接，塑造了百事可乐的品牌资产价值。

在品牌打造中，应在品牌定位的基础上，凸显品牌个性，并通过品牌的各个要素展现出来。例如，通过品牌标识、品牌包装、广告诉求、产品价格等凸显品牌的外在差异；通过文化塑造凸显品牌的内在差异。近些年为什么潮牌、萌牌、酷牌都容易成功，就是因为这些品牌自身具有极强的品牌个性。

4. 词语资产

现在外部环境的信息那么繁杂，让人们记住一个品牌的确不容易。因此，作为品牌打造者，你需要思考如何做才能让顾客记住你的品牌。那就化繁为简吧，如果能用一段话、一句口号甚至一个词让人们记住你的品牌便最好不过了。

那么，如果只能用一个词语来描述你的品牌，会是什么？也就是说，你是否能找到一个词语来代表你的品牌。例如，沃尔沃——安全；奔驰——尊贵；潘婷——护理；飘柔——柔顺；海飞丝——去屑；谷歌——人工智能。

其实，品牌词语是品牌重要的资产，因为通过品牌词语，消费者能够联想到品牌的核心业务和意义（见表 10–1）。

表 10–1　品牌与品牌核心词语

公司品牌	公司业务	品牌核心词语
K11	商业地产	时尚艺术
苹果	IT产品	设计美好体验
星巴克	咖啡	第三生活空间
特斯拉	电动汽车	创新科技
劳斯莱斯	手工制造汽车	尊贵
麦当劳	西式快餐	快乐

5. 专利资产

专利资产是指个人或者公司所拥有的经国家认证的实用新型专利、外观设计专利、发明专利等资产。实践中，对于高科技类产品和零售产品，专利资产是极为重要的品牌资产。很多企业都有专利资产，然而如何用好专利资产则是一门大学问。如果专利是该行业的核心技术，或者直击消费者痛点，那么就可以拿来利用。例如，洽洽旗下的每日坚果强调“掌握关键保鲜技术”，这个保鲜技术就是洽洽重要的专利资产，而且这个技术直击消费者的痛点——坚果当然新鲜最重要。

除了通过以上核心资产构建品牌联想外，还有两种建立品牌联想的方法。

第一种是通过拳头产品建立品牌联想，打造超级单品，形成品牌影响力。

如今越来越多的企业都在谈单品战略，希望打造一款像下面这样的大单品，以惊人的销售量奠定市场根基。

- 王老吉凉茶一个超级单品一年销售200亿元
- 娃哈哈营养快线一个超级单品一年销售180亿元
- 方太云魔方油烟机一个超级单品一年销售40亿元
- 农夫山泉水一个超级单品一年销售50亿元

一方面，超级单品有助于提升整体品牌形象，建立畅销品牌的品牌联想，拉动其他产品的销量，引爆品牌的整体营销；另一方面，消费者相信畅销单品的质量更好。

第二种是开创产品新品类，建立行业第一或唯一的品牌联想。

随着技术的进步，新的商业模式层出不穷，使得消费者很多未曾被满足的需求得到了满足。同时，企业不断开创新品类，以激活用户的新需求。

品类就像一个鱼塘，大池子里养大鱼，小池子中养小鱼。只不过随着商业的发展，大池子被渐渐分成几个小池子（即我们平时所说的品类细分），小池子里有了自己的鱼群（自己的新品类品牌）。根据二八定律，各行业中头部的两个品牌占据了80%的用户心智市场。

从这个角度而言，企业不仅要注重质量，更要追求速度，成为行业第一或唯一，抢占用户心智，这样消费者才能在第一时间联想到你。当然，对于中小企业来说，在短时间内成为行业第一或唯一是不太现实的。这时，虽然不是说一定就不能分散些精力去开创更多的品类，但是要记得将不同品类的产品结合在一起，形成品牌组合拳。例如农夫山泉品牌，让消费者在看到其中某一个产品的时候就会联想起另一个产品，这就是品牌的力量。换句话说，如果我们不能聚焦于某一个品类，也应该基于品类的延伸建立统一的品牌联想。

农夫山泉通过开创产品新品类，如维他命水、水溶 C100、东方树叶茶等（见图 10–2），建立了行业第一的品牌联想，并于 2020 年 9 月成功在中国香港联交所主板上市。

图10−2　农夫山泉产品新品类

10.2.2　品牌知名度

知名度重要吗？可以说，知名度是品牌资产最为重要的元素。品牌是存在于顾客心智中的，只有被顾客知道的品牌才有价值、才有意义，才是真正的品牌。

提升品牌知名度就是要让顾客认得出品牌、想得起品牌，然而如何提升品牌知名度让很多管理者迷茫，因为大家认为要提升品牌知名度就是做广告，而如今广告的费用水涨船高，却不见得有效。

在人际交往中，人们更愿意与熟人打交道；购物的时候，人们更愿意选择熟悉的或者听说过的品牌。这是因为，熟悉感可以让我们更加亲近，带给我们安全感，降低我们的购买风险。

品牌知名度是指某类产品中某一品牌被潜在顾客想起或者认出的能力。这里的知名度不仅仅包括被消费者知道的能力，还包括被消费者通过品类联想到的能力。品牌知名度是让消费者对品牌从熟悉到喜欢的起点。

具体来说，品牌知名度包括品牌辨识和品牌回忆两个方面。品牌识别指的是当消费者看见某品牌时，就清楚先前是否看过或者听过该品牌。品牌回忆指的是当消费者看到某一产品时，即便没有任何提示也能想起该品牌的名字。通常，消费者会把具有较高知名度的品牌放在选购名单的前列。尤其是当消费者拿不定主意时，他们宁愿选择自己听过的、知名度高的品牌。

品牌知名度有四个层次。

第一个层次："不提示"知名度与"定位联系"知名度。

顾客不仅能够认出品牌，而且能够说出公司是做什么的。其品牌力是最强的。

第二个层次："不提示"知名度。

品牌能够在顾客的大脑里立即出现。其品牌力是较强的。

第三个层次："提示后"知名度。

品牌在顾客的大脑里存在，会被想起，但未必是第一个被想起的品牌。其品牌力一般。

第四个层次："提示后"知名度。

提示后，顾客仍然想不起该品牌。其品牌力是最弱的。

在现实中，除非消费者是某方面的达人或某领域的专家，否则，往往只能说出几个记忆深刻的品牌名称。换句话说，要想让一个品牌进入消费者的大脑，往往需要将另一个品牌挤出去。

在品牌营销的过程中，应根据产品的性质、消费者的决策过程等多种因素，确定打造哪个层次的品牌知名度。

如果某个品牌的啤酒主要在饭店、酒店、夜店销售，它就需要前两个层次的知名度。更确切地说，如果能有“最佳记忆知名度”则是最理想的状态。例如，当消费者想要喝啤酒时，随口便能说出：“服务员，给我来一打青岛啤酒。”

品牌知名度在品牌力层面有三个层次：第一层次是我知道，知名度低；第二层次是我知道，你知道，知名度中；第三层次是我知道，你知道，我知道你知道，知名度高。显然，高知名度品牌的品牌力是最强的，也是最有营销力的。为什么人们对LV、GUCCI那些大牌趋之若鹜，就是因为这些品牌的知名度高，人人都知道这些品牌是大牌。

提升品牌知名度的过程其实是一个品牌从默默无闻到“被看见”，再到“被联想”的过程。知名度高的品牌让消费者更放心，拉近了与消费者的距离。在大多数情况下，知名度相对较高的品牌往往更能被消费者选择。

那么，如何提升品牌知名度呢？

提升品牌知名度有很多方法，如标志宣传、媒体传播、活动赞助、品牌冠名等。下面笔者先谈谈如何利用媒体传播来有效提升品牌知名度。

媒体传播是说服行为，心理学为我们提供了研究逻辑。行为主义心理学之父约翰·华生研究出了应用在广告上的刺激－反应学习理论，提出了影响刺激的两个重要因素，即“频因律”和“近因律”。

笔者从品牌塑造实践中发现，品牌知名度的提升也遵循“频因律”与“近因律”。通常情况下，顾客要记住一个品牌，至少需要遇见三次，三次以后，顾客才会有熟悉感。笔者提出了“三三法则”，即品牌要被顾客记住并信任应满足以下三点。

第一，在媒体展示上，至少让顾客在三个不同的媒体上看到品牌信息。

整体大于局部之和，在品牌传播领域也一样，让顾客在三个甚至三个以上的媒体看到你的品牌信息，才能让顾客对你的品牌形成印象、产生记忆。

需要说明的是，在新媒体蓬勃发展的时代，虽然传统媒体的受关注度下降了，但仍然是极为重要的品牌传播媒体。笔者所提出的“三三法则”并不排斥传统媒体，对于提升品牌知名度而言，其实结合传统媒体的公信力，再根据新媒体的特点、玩法，构筑新宣传矩阵，是比较恰当的。

第二，在时间上，至少让顾客在三个不同的时间在媒体上看到品牌信息。

打造品牌的本质是在顾客心智中烙下印记，烙下印记的前提是加强顾客对品牌的重复记忆，且重复的次数越多，时间越长，品牌烙印越深刻。应至少让顾客在三个不同的时间在媒体上看到品牌信息，这样才会提高品牌知名度。所以，为了能够让顾客对品牌产生记忆，应在不同的时间多做品牌宣传。

第三，在空间上，至少让顾客在三个不同地点的媒体上看到品牌信息。

例如，同样的一个品牌广告，你在北京看到了，在上海看到了，在深圳也看到了，你会更快速地记住这个品牌，并且感觉这个品牌是大品牌。

比如洋河蓝色经典的广告，消费者在北京机场、上海机场、深圳机场、广州机场都能看到，那么此时其品牌传播就给消费者留下了无处不在的印象。什么样的品牌是大品牌，多个城市随处可见的品牌就是大品牌。

提高品牌知名度主要包括两个方面的任务：一是取得品牌身份；二是将品牌与某类产品联系起来。对于新品牌，这两项任务缺一不可。不过，在某些情况下，如果其中一项任务已经完成，那么工作安排就会有所不同。例如，像乐凯撒榴莲比萨这类品牌名称已经表明了产品门类，我们只需要把品牌身份创建起来即可。如果李时珍这个名头响亮的品牌要进军医药行业，我们也只需把既有名称同新的产品门类联系起来即可。品牌知名度应当如何提高呢？笔者基于心理学和广告学的权威研究成果，在对已拥有较高知名度的品牌进行观察后，为各位读者总结了以下十个方法。

第一，创作令人难忘的大创意。

要让产品众所周知，就要给出让别人关注产品的理由，而且这个理由一定要令人难忘。方法有很多，但最好的办法就是创作独具一格、与众不同的大创意。大创意这个概念是由著名广告大师李奥·贝纳提出来的，他曾让万宝路香烟一战成名。笔者在为平安银行设计广告之时，采用了异质同构的方法，将体育竞技运动同平安银行数字化地联系起来，以“不一样的平安银行”的广告语创意，与其他品牌的传播手段形成差异（见本书要点五“视觉磁场”部分图 5-5）。

对于很多产品门类，其品牌的传播方法非常相似，让品牌很难脱颖而出。例如，大多数食品、饮料、汽车、科技产品的广告千篇一律，令顾客眼花缭乱，无从辨别。据说，曾经有一位广告客户把电视广告中可口可乐的声道切换成七喜的，结果居然没有人注意到。

当然，在品牌和产品门类之间建立联想是有必要的。例如，“不在乎天长地久，只在乎曾经拥有”的广告语也许让人难忘，但观众往往想不起来这个广告究竟是针对哪款产品、什么品牌。

因此，要使品牌具有较高的知名度，创作出令人印象深刻的大创意是第一位的。

第二，使用包含品牌名字且朗朗上口的品牌谚语。

使用品牌谚语可以极大地增强传播效果，而包含品牌名字的品牌谚语效果更佳。就像中国的三字经、四字成语等，非常便于传播和记忆。

品牌谚语有助于加深人们对品牌的印象。例如，我们通过“小饿小困喝点香飘飘”的品牌谚语，记住了香飘飘；我们通过“怕上火喝王老吉”的品牌谚语，记住了王老吉。这些品牌谚语中包含了品牌名字以及非常直观的产品特征，因而更容易产生联想。因此，打造易于联想到品牌和产品门类的品牌谚语是值得的。

朗朗上口的品牌谚语是提高品牌知名度的有力武器。据说，有人设计了一个新产品模型，用以预测新产品推出 13 周后的知名度水平。在对 58 款新产品进行实验后发现，有些产品的回想水平高于其他产品，原因在于朗朗上口的品牌谚语起了极其重要的作用。有一个回想水平高的大益茶品牌使用了这样一句品牌谚语：“大益茶，茶有大益”。在 B2C 和 B2B 领域做烘焙供应的企业立高也使用了回想水平很高、朗朗上口的品牌谚语——“烘焙找立高，款款都畅销”。

第三，品牌标志宣传。

品牌标志在提高品牌知名度上能起到重要作用。例如，麦当劳的M形标识、真功夫的小龙哥形象、海底捞的Hi符号等都是品牌标志，其对于这些线下餐饮品牌的宣传推广功不可没。品牌标志属于视觉感知的图形形象，比单词或短语更容易识别、更容易回想。而且，除了广告之外，还可以通过很多创造性方法使品牌标志达到宣传目的。

那么，什么样的品牌标志更容易被目标群体记住呢？笔者建议设计品牌标志时除了使用特征很典型的人物、动物外，还应尽可能地使用品牌名字，因为品牌名字是品牌资产的第一要素，品牌名字成为品牌标志或者成为品牌标志的主体部分，可以让目标群体以最快的速度记住品牌标志。

此外，还可以对品牌标志进行延展设计，以海报、广告、雕塑等形式来宣传，使得品牌标志印刻在目标群体的心里。

第四，公关传播。

广告宣传非常适用于提升品牌的知名度。在广告宣传中，广告受众可以准确定位，从而满足品牌的需要，而且广告宣传一般是获得曝光的有效方法。不过，广告宣传似乎是B2C品牌常用的手段，对于绝大多数B2B品牌而言，除了在行业媒体上做广告外，其广告宣传途径实在是很有限。因此，公关传播就起到主要作用。公关传播不仅成本远远低于媒体广告，而且效果更佳，可信度更高。相对于单纯的广告，人们往往更喜欢了解并阅读有内容的新闻，以及可信度较高的第三方故事。

假如产品本身具备新闻点，如新能源汽车、新型机器人芯片等，那么就可以进行公共传播。但如果产品本身不具备新闻点，我们就需要制造事件，或者采取其他手段。

公关传播并不是B2B品牌的专属传播途径，B2C品牌一样可以做出精彩的公关传播。例如，华润怡宝策划的珠江水质调查活动、世界水日活动及“百所图书馆计划”等，金龙鱼策划的参观金龙鱼工厂活动等，都是成功的公关传播，使品牌知名度得到了极大的提高。

第五，成为重大项目的合作伙伴或供应商。

任何时候，具有仪式感的重大项目都是品牌提高知名度的重要途径，尤其是世界级、国家级的大型活动项目，如奥运会、世界杯、世界锦标赛、G20峰会、NBA等。通过重大项目提高品牌知名度，可以起到事半功倍甚至是四两拨千斤的效果。

例如，耐克、阿迪达斯通过NBA、世界杯成为运动鞋领域的超级品牌，李宁、安踏通过国家体育队从中国走向世界。又如中国银行、国航、伊利、中国联通、中国石油成为官方合作伙伴，英孚教育、科大讯飞、中国邮政、华扬联众、士力架、普华永道、金山办公等成为北京2022年冬奥会的官方供应商。

为了提高品牌知名度，诸多品牌在努力成为重大项目的合作伙伴或供应商。笔者想要强调的是，品牌不仅要成为重大项目的合作伙伴或供应商，而且要在相关的产品包装、广告、渠道等触点上做好相应的宣传。

第六，活动赞助。

品牌如果成不了重大项目的合作伙伴或供应商，那就出些资金进行活动赞助。例如，青岛啤酒、燕京啤酒、金龙鱼、北奥集团、恒源祥、奇安信成为北京2022年冬奥会的官方赞助商，这对于提升品牌知名度也是不错的选择。

实践中通过活动赞助而广为目标消费者所知的品牌有很多，如晨光乳业赞助世界大学生运动会、奔驰赞助网球锦标赛、东鹏特饮赞助极限运动等。很早以前，运动服装品牌就发现了活动赞助的价值，因此耐克、安踏、特步等品牌经常与体育赛事联系在一起。

第七，异业联盟。

现实中，经常有客户问笔者：“刘老师，我们的企业很小，既没有实力成为重大项目的合作伙伴或供应商，也没有能力成为活动赞助商，该怎么办？”笔者想，估计绝大多数的中小企业都面临这个问题，如果是这种情况，那就多开展异业联盟吧。

异业联盟是什么？异业联盟是指产业间并非上下游垂直关系的双方进行水平式合作，目的是凭借着彼此的品牌形象与名气，拉拢更多的客源，从而创造出双赢的市场利益。

异业联盟既可以是不同行业、不同层次的商业主体的联合，也可以是同行业中不同层次的商业主体的联合。合作共赢是异业联盟中各商业主体的共同目标。异业联盟既适合小企业，也适合大中型企业。

钟薛高就是通过异业联盟快速提升知名度的成功例子。钟薛高推出“厄瓜多尔粉钻”雪糕而声名鹊起之后，先后与泸州老窖、奈雪的茶、五芳斋等品牌联盟，把雪糕当作连接消费者的路径，不断打造社交性品牌体验，迅速延伸和拓展消费场景，增强社交连接黏性，使其品牌一炮而红。

第八，运用媒介思维。

要想让顾客想得起品牌，要想让品牌更加引人注目，就要运用媒介思维，创造品牌名字、品牌标志无处不在的现象。为此，我们可以让品牌名称出现在各类宣传物料上。例如，可口可乐、华为、苹果等品牌把自己的名称印制在纸杯、信纸、名片、办公用品、礼品等上。关于媒介思维，前面章节有提到，在此不赘述。

第九，运用提示。

产品提示或品牌提示往往可以在品牌知名度提升中起到辅助作用。其中，包装是特别有用的一种品牌提示。包装是消费者直接面对的刺激因素，决定着消费者是否对产品有兴趣。例如，可口可乐的包装就是产品的提示；酒鬼酒的瓶型包装就是产品的提示。在某些情况下，提示还可以用来提醒人们在广告中宣传的品牌联想。例如，趣多多在饼干广告中将饼干做成一个饼干人，其不仅有肢体动作，甚至会以各种奇特的造型出现，比如穿上衣服或者戴上墨镜等，看上去十分讨人喜欢。趣多多的广告在播出后取得了不错的效果，不仅达到了预期宣传目标，而且提高了观众的接受度和认可度。同时，趣多多品牌把米奇的小照片印在包装上，形成广告提示，大大提高了广告的宣传效果。

第十，重复，重复，再重复。

让顾客回想品牌比让顾客认知品牌更难，重复就是让品牌沉淀最好的方法。我们需要让品牌名称更加醒目，让品牌与产品的联系更加紧密。我们知道，时间久了，顾客对于以前仅有几次接触的品牌虽然还认得出，但却未必想得起。品牌回想是困难的，而不断重复是让顾客回想起该品牌的唯一方法。像华为、可口可乐这样的品牌，之所以总是被顾客首先想到，与他们的重复宣传是密切相关的。

此外，重复宣传不仅可以提高品牌知名度，还可以强化品牌特征，阻止顾客回想其他品牌。人的大脑对品牌的记忆是有限的，这也是为什么顾客常常选择第一、第二或第三品牌，而常常忘记三名以外的品牌。

总之，不管是新品牌还是旧品牌，品牌知名度都是影响顾客选择品牌的重要因素。笔者建议加强运用以上十个方法来提高品牌知名度。

10.2.3 品牌美誉度

著名的西班牙作家塞万提斯曾言“美名胜过财富”，此处的美名就是美誉度。当一个品牌的美名被消费者口口相传时，该品牌就具有了很高的美誉度。

品牌美誉度是市场中人们对某一品牌的好感和信任程度，也是顾客对一个品牌产品或服务的可感知效果与预期进行比较后，所形成的口碑状态。通俗地说，当消费者认为这个品牌好，或者消费者主动说这个品牌好，品牌就拥有较高的美誉度。

品牌美誉度可以通过线下活动来提升。例如西贝莜面村在情人节举办的“亲个嘴，打个折”主题活动，即情人节期间，消费者在西贝莜面村店门口只要参与情侣接吻活动就可以获得优惠。这个活动不仅起到了提升西贝莜面村品牌美誉度的效果，还起到了宣传“I love 莜”品牌符号的作用。

对于零售品牌，在实操中，还可以通过百度问答、知乎回答，以及小红书、淘宝等自媒体平台“种草”来塑造 e 口碑。例如，美妆品牌完美日记、金燕耳银耳通过小红书成功向年轻人“种草”。

对于大型企业，可以通过对外开展公益活动来提升品牌美誉度。例如，迈瑞医疗捐赠“救命神器”AED 给深圳机场、深圳地铁及其他公共场所，帮助偏远山区修建学校，在新冠肺炎疫情期间捐赠呼吸机等，从而有效提升了品牌美誉度。

实践中，对品牌美誉度进行管理可以借助舆情监控系统，监测品牌的正负面信息。例如，通过对微信、微博、抖音、百度、今日头条、谷歌等平台的监控来管理品牌美誉度。

品牌知名度是品牌美誉度的基础，品牌美誉度反映了品牌在消费者心目中的价值，二者都是衡量品牌价值外延度的重要指标。不过，品牌知名度可以通过宣传手段快速提升，而品牌美誉度的提升则需要长期的、细心的品牌经营。

企业和品牌获得有利于自己的舆论环境，会产生天然的流量与热度，但好口碑不是天上掉下来的，需要长期的积累。

当品牌面临负面事件，需要做危机公关处理时，有较高美誉度的品牌会有自我保护力，可以在一定程度上减轻负面影响。

如果某一品牌的知名度低，而且美誉度低，说明该品牌处于市场导入期，产品品质提升工作和品牌推广工作都还做得不够；如果知名度低，而美誉度高，说明好产品“养在深闺人未识”；如果知名度高，而美誉度低，则往往给人一种臭名远扬的感觉。因此，拥有高知名度、高美誉度是品牌非常成熟的表现。

后　记

■ 写书的缘由

笔者在中国香港浸会大学学习期间，有幸聆听中国台湾东吴大学邓东滨教授（当时78岁）授课。邓老说："要成为有价值的人，而不只是成功的人。"这句话让笔者受益匪浅。作为品牌营销界的一名专业人士，若能把自己的学问、经验、思想等熔炼成可行、有效的方法，并能够帮到他人，让更多人受益，也算是为社会贡献了一些价值，不枉此生。另外，找笔者做项目的毕竟是少数企业，还有很多企业没有得到笔者的服务，因此唯有通过出版书籍来与更多企业的品牌管理者、营销管理者对话。

此前，笔者用三年时间写就《品牌创意营销：找准品牌原力，做对营销创意》一书（于2020年1月出版），如今，再用一年半时间写就此书。

■ 谈谈事业理论

什么是事业理论？个人和企业生存的根本之道是为社会承担某一方面的责任，解决某一方面的问题，这就要有一种理论，这个理论是从经验中得来的，包括对自己事业的独特认知及系统的方法论，俗称事业理论。个人与企业的成功都离不开事业理论。

笔者也有自己的事业理论。

用全局思维思考，用系统方法做事

品牌营销战略是企业战略的重要组成部分，因此需要具有全局战略思考意识。例如，产品结构、核心业务、品牌定位、营销传播、广告创意、包装设计、推广策略等都是品牌营销战略的要素，不可分割。为了做好品牌营销这件事情，要把这些看成一件事，用系统的方法来做，不能分散来做，也不能由不同的人来做。

关于效率，商业界早有定论——系统效率大于独立效率之和。你的企业效益好不好，就要看你的企业是否具有系统效率。

实践中，我们发现客户会找甲公司做品牌定位，找乙公司做包装设计，再找丙公司做广告创意，还找丁公司做营销传播……其实这种将系统营销的结构分割成各个细小散件的做法，不仅不能发挥“1+1 > 2”的功效，而且增加了大量的时间成本、沟通成本，因为每一家合作的公司都要重新理解品牌，每一家公司都为了创意而创意，即没有站在一个全局的角度来思考。

品牌营销战略是争夺消费者的方略，我们要将这个战略看作企业的顶层设计，站在全局的角度思考，并用系统的方法实施。

用专心、专注成就专业

时光如白驹过隙，人要在有限的生命里做出成绩，唯有聚焦于一个领域，用专心、专注成就专业。

怎样成为某领域的行家呢？有一个一万小时定律——我们在某个专业领域坚持一万小时的学习与研究，就能成为该领域的行家。

其实，要成为某个专业领域的行家，一万小时的学习是不够的（当然某些天才例外）。例如，品牌营销所涉及的知识面较广，包括心理学、经济学、广告学、传播学等学科，要在该领域达到精通的水平，需要两万小时、三万小时，甚至更久。同时，品牌营销是一门以实践为主的学科，除了学习书本知识和研究成功案例外，还要走向市场，积极将所学的方法用于品牌营销的实践活动中，不断在实践中总结经验。

俗话说："冰冻三尺，非一日之寒。"相信只要我们专注于一件事，坚持十年、数十年甚至一生，即便是平凡的工作也可以做得非凡。

笔者就要用一生的时间去做品牌营销这个平凡的事情，把这件事情做到极致，做到一个高度，为更多的企业服务。

宁可被低估，也不可被高估

在弱肉强食的竞争时代，以虚怀若谷的谦逊姿态面对客户，何尝不是一种精神？

笔者现在无论是与客户开展前期沟通，还是进行合作，都深深铭记和君咨询董事长王明夫先生的话——"宁可被低估，不可被高估"，始终保持不夸夸其谈、不肆意鼓吹的谦逊态度。

"被低估"是生存哲学。被客户低估了，如果合作不成，则双方没有损失，且情意还在，说不定双方今后重新认识彼此，还有合作的可能；如果合作成功，由于客户低估了我们，我们后期每一次向客户提交的项目成果，都可以给客户带来惊喜，超出客户的期待，这样客户觉得花的钱很值，对我们服务的满意度自然也就很高，从而更加信任我们。

然而，如果由于我们的自我吹捧，被客户高估了，则即便合作了后期也会带来很多麻烦，因为客户期望过高，这个期望一旦超出了我们的能力范围，客户就对项目成果不满意，失去对我们的信赖。因此，要想长久合作，我们的专业水准就不能被高估。

由于坚持这个准则，与笔者合作的客户满意度都很高，这些年笔者也积累了很多回头客。凡事都有利弊，也因为这个准则，让很多客户在初期洽谈中没有获得足够的信心，导致未能达成合作，这个也无憾，正所谓“弱水三千，只取一瓢饮”。

“人生如莲”，理当“三度修炼”

笔者在职业生涯中深受和君咨询董事长王明夫先生的影响，其“人生如莲”“三度修炼”思想使笔者受益无穷。

“人生就像是睡莲，成功是浅浅地浮在水面上那朵看得见的花，而决定其美丽绽放的，是水面下那些看不见的根和本。莲花初绽，动人心魄，观者如云，岂知绚烂芳华的背后，是长久的寂寞等待和强根固本。”

对于“三度修炼”，王明夫先生这样解释：“态度决定命运，气度决定格局，底蕴的厚度决定事业的高度。”人之态度、气度、厚度，犹如莲之根本。

态度决定命运。态度是性格的直观体现，人们常说性格决定命运，其实进一步来说是态度。例如，“努力不一定成功，但放弃一定失败”，这个态度让姚明成为 NBA 的明星。

气度决定格局。所谓“宰相肚里能撑船”，就是说宰相的度量大、格局大。气度修炼，需要日积月累，功到自然成，功不到，自然不成。为此，穷其一生也值得。

底蕴的厚度决定事业的高度。真正的事业远行者，必须回到生活常态和朴实无华上来，把对理想的追求、志向的落地、底蕴的蓄积、胸襟气度的养成等，转变为一种天长日久、平淡如水的生活常态。

刘述文

2021 年 7 月